保守国家秘密法、档案法、密码法一本通

法规应用研究中心 编

中国法制出版社
CHINA LEGAL PUBLISHING HOUSE

编辑说明

"法律一本通"系列丛书自 2005 年出版以来,以其科学的体系、实用的内容,深受广大读者的喜爱。2007 年、2011 年、2014 年、2016 年、2018 年、2019 年、2021 年我们对其进行了改版,丰富了其内容,增强了其实用性,博得了广大读者的赞誉。

我们秉承"以法释法"的宗旨,在保持原有的体例之上,今年再次对"法律一本通"系列丛书进行改版,以达到"应办案所需,适学习所用"的目标。新版丛书具有以下特点:

1. 丛书以主体法的条文为序,逐条穿插关联的现行有效的法律、行政法规、部门规章、司法解释、请示答复和部分地方规范性文件,以方便读者理解和适用。

2. 丛书紧扣实践和学习两个主题,在目录上标注了重点法条,并在某些重点法条的相关规定之前,对收录的相关文件进行分类,再按分类归纳核心要点,以便读者最便捷地查找使用。

3. 丛书紧扣法律条文,在主法条的相关规定之后附上案例指引,收录最高人民法院、最高人民检察院指导性案例、公报案例以及相关机构公布的典型案例的裁判摘要、案例要旨或案情摘要等。通过相关案例,可以进一步领会和把握法律条文的适用,从而作为解决实际问题的参考。并对案例指引制作索引目录,方便读者查找。

4. 丛书以脚注的形式,对各类法律文件之间或者同一法律文件不同条文之间的适用关系、重点法条疑难之处进行说明,以便读者系统地理解我国现行各个法律部门的规则体系,从而更好地为教学科研和司法实践服务。

5. 丛书结合二维码技术的应用为广大读者提供增值服务,扫描前勒口二维码,即可免费部分使用中国法制出版社推出的【法融】数据库。【法融】数据库中"国家法律法规"栏目便于读者查阅法律文件准确全文及效力。"最高法指导案例"和"最高检指导案例"两个栏目提供最高人民法院和最高人民检察院指导性案例的全文,为读者提供更多增值服务。

目 录

中华人民共和国保守国家秘密法

第一章 总 则

第 一 条【立法目的】 ………………………………… 1
第 二 条【国家秘密的定义】 ………………………… 2
第 三 条【党对保密工作的领导】 …………………… 2
★ 第 四 条【保密工作原则】 ………………………… 3
★ 第 五 条【保密义务】 ……………………………… 4
第 六 条【主管部门】 ………………………………… 5
第 七 条【国家机关及涉密单位保密职权范围】 …… 6
第 八 条【保密工作责任制】 ………………………… 6
第 九 条【保密宣传教育】 …………………………… 7
第 十 条【国家鼓励支持创新】 ……………………… 10
第十一条【保密工作经费预算】 ……………………… 10
第十二条【激励保障机制】 …………………………… 10

第二章 国家秘密的范围和密级

★ 第十三条【国家秘密范围】 ………………………… 11
第十四条【密级】 ……………………………………… 15
第十五条【国家秘密及密级的确定、公布与调整】 … 16
第十六条【定密责任人】 ……………………………… 22
第十七条【定密权限】 ………………………………… 22

1

第十八条【派生定密】 ·· 25
第十九条【机关、单位产生国家秘密事项时的处理】 ······ 29
第二十条【保密期限】 ·· 30
第二十一条【知悉范围的确定】 ····································· 30
第二十二条【国家秘密标志】 ··· 31
第二十三条【密级、保密期限、知悉范围的变更】 ········· 32
第二十四条【解密】 ·· 32
第二十五条【国家秘密事项及密级争议的处理】 ············ 33

第三章 保密制度

★ 第二十六条【国家秘密载体】 ······································ 34
★ 第二十七条【属于国家秘密的设备、产品】 ················· 36
第二十八条【国家秘密载体管理中的禁止性行为】 ········· 38
第二十九条【禁止非法复制、记录、储存、传递国家
　　　　　　秘密】 ·· 39
第三十条【涉密信息系统保密管理】 ···························· 39
★ 第三十一条【涉密信息系统保密管理中的禁止性行为】 ······ 40
第三十二条【安全保密产品和保密技术装备抽检、
　　　　　　复检制度】 ·· 42
第三十三条【新闻、出版、传媒保密管理】 ··················· 43
第三十四条【网络运营者保密管理】 ···························· 43
第三十五条【拟公开信息保密审查】 ···························· 44
第三十六条【数据处理保密管理】 ································ 44
★ 第三十七条【与境外组织、机构、个人合作的保密管理】 44
第三十八条【举办会议等活动的保密管理】 ··················· 47
第三十九条【保密要害部门、部位的保密管理】 ············ 47
第四十条【军事禁区等涉密场所、部位保密措施】 ······ 48

★ 第四十一条【涉密企事业单位保密管理】 …………… 48
  第四十二条【涉密业务签订保密协议】 ……………… 72
  第四十三条【涉密人员分类、任用及能力要求】 …… 73
  第四十四条【涉密人员管理制度】 …………………… 74
  第四十五条【涉密人员出境管理】 …………………… 75
  第四十六条【涉密人员离岗要求】 …………………… 75
  第四十七条【泄密或可能泄密时的处理】 …………… 76

第四章　监督管理

  第四十八条【保密规章及标准制定权】 ……………… 76
★ 第四十九条【一般管理职权】 ………………………… 77
  第 五 十 条【对定密不正当的纠正】 ………………… 81
  第五十一条【保密检查权】 …………………………… 81
  第五十二条【收缴权等】 ……………………………… 94
  第五十三条【密级鉴定权】 …………………………… 95
  第五十四条【处分建议权】 …………………………… 104
  第五十五条【风险评估、监测预警、应急处置制度】 … 104
  第五十六条【保密协会】 ……………………………… 104

第五章　法律责任

★ 第五十七条【违反保密法承担法律责任的行为】 …… 104
  第五十八条【机关、单位重大泄密、定密不当等的
　　　　　　　法律责任】 …………………………… 108
  第五十九条【网络运营者违反保密法的法律责任】 … 109
  第 六 十 条【企业事业单位违反国家保密规定的法
　　　　　　　律责任】 ………………………………… 109
★ 第六十一条【保密行政管理部门工作人员的法律责任】 … 110

第六十二条【刑事责任】 ·················· 111

第六章 附 则

第六十三条【对中央军事委员会的授权】 ········ 111
第六十四条【适用工作秘密管理办法的情形】 ······ 112
第六十五条【实施日期】 ················ 112

中华人民共和国档案法

第一章 总 则

第 一 条【立法目的】 ················· 113
第 二 条【适用范围】 ················· 114
第 三 条【党的领导】 ················· 114
第 四 条【工作原则】 ················· 115
第 五 条【公民的权利义务】 ············· 115
★ 第 六 条【国家鼓励和支持】 ············· 115
第 七 条【表彰和奖励】 ················ 119

第二章 档案机构及其职责

第 八 条【主管部门】 ················· 120
第 九 条【档案机构】 ················· 122
第 十 条【档案馆】 ·················· 123
第十一条【加强人才培养和队伍建设】 ········ 124

第三章 档案的管理

  第十二条【工作责任制】 …………………… 124
  第十三条【归档范围】 ……………………… 125
  第十四条【集中管理】 ……………………… 127
  第十五条【移交档案】 ……………………… 127
  第十六条【机构变动】 ……………………… 128
  第十七条【其他收集档案方式】 …………… 128
  第十八条【博物馆等单位自行管理档案】 … 128
★ 第十九条【建立科学管理制度】 …………… 129
★ 第二十条【涉及国家秘密的档案】 ………… 138
  第二十一条【标准的制定】 ………………… 139
  第二十二条【单位和个人形成的档案】 …… 139
  第二十三条【档案的交换和转让】 ………… 140
  第二十四条【委托服务】 …………………… 146
  第二十五条【档案出境】 …………………… 147
  第二十六条【突发事件应对活动相关档案】 … 148

第四章 档案的利用和公布

  第二十七条【档案向社会开放】 …………… 154
  第二十八条【档案馆开放档案】 …………… 159
  第二十九条【利用未开放档案】 …………… 160
  第三十条【馆藏档案开放审核】 …………… 161
  第三十一条【优先利用档案】 ……………… 161
  第三十二条【公布档案】 …………………… 161
  第三十三条【研究整理档案】 ……………… 162
  第三十四条【鼓励开发利用馆藏档案】 …… 163

第五章 档案信息化建设

★ 第三十五条【加强档案信息化建设】 …………………… 163
  第三十六条【推进电子档案管理系统建设】 …………… 168
  第三十七条【电子档案】 ………………………………… 168
  第三十八条【鼓励传统载体档案数字化】 ……………… 169
  第三十九条【移交电子档案】 …………………………… 169
  第 四 十 条【数字档案馆】 ……………………………… 170
  第四十一条【推进档案信息资源共享服务平台建设】 … 170

第六章 监督检查

  第四十二条【主管部门检查范围】 ……………………… 171
  第四十三条【主管部门检查权限】 ……………………… 171
  第四十四条【报告档案安全隐患】 ……………………… 172
  第四十五条【限期整改】 ………………………………… 172
  第四十六条【举报档案违法行为】 ……………………… 172
  第四十七条【主管部门开展监督检查工作】 …………… 173

第七章 法律责任

★ 第四十八条【给予处分的行为】 ………………………… 173
  第四十九条【违法利用档案的处罚】 …………………… 186
  第 五 十 条【传输禁止出境的档案的处罚】 …………… 186
  第五十一条【构成犯罪的处罚】 ………………………… 186

第八章 附 则

  第五十二条【中央军事委员会依照本法制定管理办法】 … 187
  第五十三条【施行日期】 ………………………………… 187

中华人民共和国密码法

第一章 总 则

第 一 条【立法目的】 …………………… 188

第 二 条【适用范围】 …………………… 188

第 三 条【工作原则】 …………………… 189

第 四 条【党的领导】 …………………… 189

第 五 条【主管部门】 …………………… 190

第 六 条【分类管理】 …………………… 190

第 七 条【核心密码、普通密码的定义】 …………… 190

第 八 条【商业密码的定义】 …………………… 190

第 九 条【鼓励科研,表彰和奖励】 …………… 190

第 十 条【加强安全教育】 …………………… 191

第十一条【纳入发展规划和财政预算】 …………… 191

第十二条【禁止从事的行为】 …………………… 191

第二章 核心密码、普通密码

第十三条【加强核心密码、普通密码制度建设】 …… 192

第十四条【信息系统的加密保护、安全认证】 …… 192

第十五条【建立安全管理制度】 …………………… 192

第十六条【配合管理部门指导、监督和检查】 …… 192

第十七条【建立协作机制】 …………………… 193

第十八条【加强密码工作机构建设】 …………… 193

第十九条【免检等便利】 …………………… 193

第二十条【建立监督和安全审查制度】·············· 194

第三章　商用密码

　　第二十一条【鼓励商用密码产业发展】·············· 194
　　第二十二条【建立商用密码标准体系】·············· 197
　　第二十三条【推动商用密码国际标准化活动】········ 198
　　第二十四条【从业单位的义务】···················· 198
★　第二十五条【推进商用密码检测认证体系建设】······ 199
　　第二十六条【网络关键设备和网络安全专用产品】···· 204
★　第二十七条【关键信息基础设施保护】·············· 205
　　第二十八条【进口许可和出口管制】················ 222
★　第二十九条【电子政务电子认证服务】·············· 224
　　第 三 十 条【行业协会】·························· 233
　　第三十一条【事后监管制度】······················ 233

第四章　法律责任

　　第三十二条【违法利用密码的法律责任】············ 235
　　第三十三条【未按要求使用核心密码、普通密码的
　　　　　　　　责任】································ 236
　　第三十四条【泄密的处理】························ 236
　　第三十五条【检测、认证机构违法的处罚】·········· 237
　　第三十六条【销售、提供不合格商用密码产品的处罚】··· 238
　　第三十七条【关键信息基础设施运营者违法的处罚】···· 239
　　第三十八条【违反进口许可、出口管制规定的处罚】···· 240
　　第三十九条【违法从事电子政务电子认证服务的处罚】··· 241
　　第 四 十 条【工作人员未尽职的处分】·············· 242
　　第四十一条【构成犯罪的法律责任】················ 242

第五章 附 则

第四十二条【国家密码管理规章的制定】……243
第四十三条【中央军事委员会根据本法制定相关密码工作管理办法】……243
第四十四条【施行日期】……243

附 录 一

中华人民共和国保守国家秘密法实施条例 ……244
（2014 年 1 月 17 日）
中华人民共和国档案法实施条例 ……253
（2024 年 1 月 12 日）

附 录 二

本书所涉文件目录 ……266

案例索引目录

1. 警惕机关单位保密制度"休眠" ………………………… 7
2. 违规存储、处理涉密数字化测绘成果 ………… 14
3. 擅自扫描保存涉密数字化测绘成果 …………… 14
4. 保密管理不善 …………………………………… 15
5. 没有严格执行保密制度 ………………………… 15
6. 源头采集环节加强源头管理 …………………… 35
7. 编辑处理环节加强过程管理 …………………… 35
8. 保存使用环节加强后续管理 …………………… 36
9. 送外维修易失控 ………………………………… 37
10. 雇人维修有风险 ………………………………… 37
11. 旁站监督要落实 ………………………………… 38
12. 连接互联网的办公自动化（OA）系统密件频传 ………… 41
13. 确保资料合法来源 ……………………………… 41
14. 办公室泄密警示录 ……………………………… 48
15. 命题环节保密管理不当 ………………………… 71
16. 试卷印刷环节出现保密管理问题 ……………… 71
17. 试卷交接环节出现泄密隐患 …………………… 72
18. 试卷保管环节出现泄密问题 …………………… 72
19. 高校学生收集论文资料泄密 …………………… 74
20. 文件资料要及时移交清退销毁 ………………… 75
21. "红色收藏"中的保密问题 …………………… 138
22. 生成环节违规外包扫描 ………………………… 166

1

23. 流转环节档案数字化资料流转不登记 …………………… 167
24. 存储环节存储载体丢失 …………………………………… 167
25. 利用环节违规复制扩散 …………………………………… 167

中华人民共和国保守国家秘密法

（1988年9月5日第七届全国人民代表大会常务委员会第三次会议通过　2010年4月29日第十一届全国人民代表大会常务委员会第十四次会议第一次修订　2024年2月27日第十四届全国人民代表大会常务委员会第八次会议第二次修订　2024年2月27日中华人民共和国主席令第20号公布　自2024年5月1日起施行）

目　　录

第一章　总　　则
第二章　国家秘密的范围和密级
第三章　保密制度
第四章　监督管理
第五章　法律责任
第六章　附　　则

第一章　总　　则

第一条　立法目的①

为了保守国家秘密，维护国家安全和利益，保障改革开放和社会主义现代化建设事业的顺利进行，根据宪法，制定本法。

---

① 条文主旨为编者所加，仅供读者参考，下同。

● 宪　法

《宪法》（2018年3月11日）①

第53条　中华人民共和国公民必须遵守宪法和法律，保守国家秘密，爱护公共财产，遵守劳动纪律，遵守公共秩序，尊重社会公德。

第二条　国家秘密的定义

国家秘密是关系国家安全和利益，依照法定程序确定，在一定时间内只限一定范围的人员知悉的事项。

第三条　党对保密工作的领导

坚持中国共产党对保守国家秘密（以下简称保密）工作的领导。中央保密工作领导机构领导全国保密工作，研究制定、指导实施国家保密工作战略和重大方针政策，统筹协调国家保密重大事项和重要工作，推进国家保密法治建设。

● 法　律

《国家安全法》（2015年7月1日）

第15条　国家坚持中国共产党的领导，维护中国特色社会主义制度，发展社会主义民主政治，健全社会主义法治，强化权力运行制约和监督机制，保障人民当家作主的各项权利。

国家防范、制止和依法惩治任何叛国、分裂国家、煽动叛乱、颠覆或者煽动颠覆人民民主专政政权的行为；防范、制止和依法惩治窃取、泄露国家秘密等危害国家安全的行为；防范、制止和依法惩治境外势力的渗透、破坏、颠覆、分裂活动。

---

① 本书法律文件使用简称，以下不再标注。本书所示规范性文件的日期为该文件的通过、发布、修订后公布、实施日期之一。以下不再标注。

第四条 保密工作原则

保密工作坚持总体国家安全观，遵循党管保密、依法管理，积极防范、突出重点，技管并重、创新发展的原则，既确保国家秘密安全，又便利信息资源合理利用。

法律、行政法规规定公开的事项，应当依法公开。

● 法 律

1. 《刑事诉讼法》（2018年10月26日）

第188条 人民法院审判第一审案件应当公开进行。但是有关国家秘密或者个人隐私的案件，不公开审理；涉及商业秘密的案件，当事人申请不公开审理的，可以不公开审理。

不公开审理的案件，应当当庭宣布不公开审理的理由。

● 行政法规及文件

2. 《保守国家秘密法实施条例》（2014年1月17日）

第5条 机关、单位不得将依法应当公开的事项确定为国家秘密，不得将涉及国家秘密的信息公开。

3. 《政府信息公开条例》（2019年4月3日）

第14条 依法确定为国家秘密的政府信息，法律、行政法规禁止公开的政府信息，以及公开后可能危及国家安全、公共安全、经济安全、社会稳定的政府信息，不予公开。

第17条 行政机关应当建立健全政府信息公开审查机制，明确审查的程序和责任。

行政机关应当依照《中华人民共和国保守国家秘密法》以及其他法律、法规和国家有关规定对拟公开的政府信息进行审查。

行政机关不能确定政府信息是否可以公开的，应当依照法律、法规和国家有关规定报有关主管部门或者保密行政管理部门确定。

> **第五条** 保密义务
>
> 国家秘密受法律保护。
>
> 一切国家机关和武装力量、各政党和各人民团体、企业事业组织和其他社会组织以及公民都有保密的义务。
>
> 任何危害国家秘密安全的行为,都必须受到法律追究。

● 法 律

1. 《反间谍法》(2023 年 4 月 26 日)

第 8 条 任何公民和组织都应当依法支持、协助反间谍工作,保守所知悉的国家秘密和反间谍工作秘密。

第 11 条 国家安全机关及其工作人员在工作中,应当严格依法办事,不得超越职权、滥用职权,不得侵犯个人和组织的合法权益。

国家安全机关及其工作人员依法履行反间谍工作职责获取的个人和组织的信息,只能用于反间谍工作。对属于国家秘密、工作秘密、商业秘密和个人隐私、个人信息的,应当保密。

2. 《档案法》(2020 年 6 月 20 日)

第 47 条 档案主管部门及其工作人员应当按照法定的职权和程序开展监督检查工作,做到科学、公正、严格、高效,不得利用职权牟取利益,不得泄露履职过程中知悉的国家秘密、商业秘密或者个人隐私。

3. 《反恐怖主义法》(2018 年 4 月 27 日)

第 48 条 反恐怖主义工作领导机构、有关部门和单位、个人应当对履行反恐怖主义工作职责、义务过程中知悉的国家秘密、商业秘密和个人隐私予以保密。

违反规定泄露国家秘密、商业秘密和个人隐私的,依法追究法律责任。

4. 《国家情报法》（2018 年 4 月 27 日）

第 19 条 国家情报工作机构及其工作人员应当严格依法办事，不得超越职权、滥用职权，不得侵犯公民和组织的合法权益，不得利用职务便利为自己或者他人谋取私利，不得泄露国家秘密、商业秘密和个人信息。

5. 《监察法》（2018 年 3 月 20 日）

第 18 条 监察机关行使监督、调查职权，有权依法向有关单位和个人了解情况，收集、调取证据。有关单位和个人应当如实提供。

监察机关及其工作人员对监督、调查过程中知悉的国家秘密、商业秘密、个人隐私，应当保密。

任何单位和个人不得伪造、隐匿或者毁灭证据。

6. 《国家安全法》（2015 年 7 月 1 日）

第 77 条 公民和组织应当履行下列维护国家安全的义务：

（一）遵守宪法、法律法规关于国家安全的有关规定；

（二）及时报告危害国家安全活动的线索；

（三）如实提供所知悉的涉及危害国家安全活动的证据；

（四）为国家安全工作提供便利条件或者其他协助；

（五）向国家安全机关、公安机关和有关军事机关提供必要的支持和协助；

（六）保守所知悉的国家秘密；

（七）法律、行政法规规定的其他义务。

任何个人和组织不得有危害国家安全的行为，不得向危害国家安全的个人或者组织提供任何资助或者协助。

第六条 主管部门

> 国家保密行政管理部门主管全国的保密工作。县级以上地方各级保密行政管理部门主管本行政区域的保密工作。

● 行政法规及文件

《保守国家秘密法实施条例》（2014年1月17日）

第2条 国家保密行政管理部门主管全国的保密工作。县级以上地方各级保密行政管理部门在上级保密行政管理部门指导下，主管本行政区域的保密工作。

第七条 国家机关及涉密单位保密职权范围

国家机关和涉及国家秘密的单位（以下简称机关、单位）管理本机关和本单位的保密工作。

中央国家机关在其职权范围内管理或者指导本系统的保密工作。

● 行政法规及文件

《保守国家秘密法实施条例》（2014年1月17日）

第3条 中央国家机关在其职权范围内管理或者指导本系统的保密工作，监督执行保密法律法规，可以根据实际情况制定或者会同有关部门制定主管业务方面的保密规定。

第八条 保密工作责任制

机关、单位应当实行保密工作责任制，依法设置保密工作机构或者指定专人负责保密工作，健全保密管理制度，完善保密防护措施，开展保密宣传教育，加强保密监督检查。

● 行政法规及文件

《保守国家秘密法实施条例》（2014年1月17日）

第6条 机关、单位实行保密工作责任制。机关、单位负责人对本机关、本单位的保密工作负责，工作人员对本岗位的保密工作负责。

机关、单位应当根据保密工作需要设立保密工作机构或者指定人员专门负责保密工作。

机关、单位及其工作人员履行保密工作责任制情况应当纳入年度考评和考核内容。

● 案例指引

警惕机关单位保密制度"休眠"[①]

案例要旨：根据《保守国家秘密法》第八条规定，机关单位应当实行保密工作责任制，健全保密管理制度。部分单位在保密管理过程中，一方面奉行制度"第一"，另一方面又放任制度"休眠"，导致泄密案件频发。保密制度多为约束性条款，对涉密事项要求高、要求严格，执行中总会遇到这样那样的困难，存在执行阻力。如果保密干部缺乏高度的责任心和坚定的意志力，就会使保密制度执行半途而废，陷入"休眠"状态。推动保密制度贯彻落实，最大阻力多是来源于机关单位内部，保密工作机构不能看到意见大、执行难就妥协让步，必须盯住原本要解决的问题，逐一推动制度落实。要用好监督检查"推进器"，对不予执行、执行不到位、敷衍塞责行为要坚决予以纠正，对违反保密制度行为要坚决予以问责，该通报的通报，该处理的处理，确保保密制度落实到位。

第九条 保密宣传教育

> 国家采取多种形式加强保密宣传教育，将保密教育纳入国民教育体系和公务员教育培训体系，鼓励大众传播媒介面向社会进行保密宣传教育，普及保密知识，宣传保密法治，增强全社会的保密意识。

[①] 参见国家保密局网站，https：//www.gjbmj.gov.cn/n1/2019/0322/c420077-30990757.html，2024年4月16日访问。

● 法　律

1. 《公务员法》（2018 年 12 月 29 日）

第 14 条　公务员应当履行下列义务：

（一）忠于宪法，模范遵守、自觉维护宪法和法律，自觉接受中国共产党领导；

（二）忠于国家，维护国家的安全、荣誉和利益；

（三）忠于人民，全心全意为人民服务，接受人民监督；

（四）忠于职守，勤勉尽责，服从和执行上级依法作出的决定和命令，按照规定的权限和程序履行职责，努力提高工作质量和效率；

（五）保守国家秘密和工作秘密；

（六）带头践行社会主义核心价值观，坚守法治，遵守纪律，恪守职业道德，模范遵守社会公德、家庭美德；

（七）清正廉洁，公道正派；

（八）法律规定的其他义务。

第 59 条　公务员应当遵纪守法，不得有下列行为：

（一）散布有损宪法权威、中国共产党和国家声誉的言论，组织或者参加旨在反对宪法、中国共产党领导和国家的集会、游行、示威等活动；

（二）组织或者参加非法组织，组织或者参加罢工；

（三）挑拨、破坏民族关系，参加民族分裂活动或者组织、利用宗教活动破坏民族团结和社会稳定；

（四）不担当，不作为，玩忽职守，贻误工作；

（五）拒绝执行上级依法作出的决定和命令；

（六）对批评、申诉、控告、检举进行压制或者打击报复；

（七）弄虚作假，误导、欺骗领导和公众；

（八）贪污贿赂，利用职务之便为自己或者他人谋取私利；

（九）违反财经纪律，浪费国家资财；

（十）滥用职权，侵害公民、法人或者其他组织的合法权益；

（十一）泄露国家秘密或者工作秘密；

（十二）在对外交往中损害国家荣誉和利益；

（十三）参与或者支持色情、吸毒、赌博、迷信等活动；

（十四）违反职业道德、社会公德和家庭美德；

（十五）违反有关规定参与禁止的网络传播行为或者网络活动；

（十六）违反有关规定从事或者参与营利性活动，在企业或者其他营利性组织中兼任职务；

（十七）旷工或者因公外出、请假期满无正当理由逾期不归；

（十八）违纪违法的其他行为。

第86条　公务员有下列情形之一的，不得辞去公职：

（一）未满国家规定的最低服务年限的；

（二）在涉及国家秘密等特殊职位任职或者离开上述职位不满国家规定的脱密期限的；

（三）重要公务尚未处理完毕，且须由本人继续处理的；

（四）正在接受审计、纪律审查、监察调查，或者涉嫌犯罪，司法程序尚未终结的；

（五）法律、行政法规规定的其他不得辞去公职的情形。

第100条　机关根据工作需要，经省级以上公务员主管部门批准，可以对专业性较强的职位和辅助性职位实行聘任制。

前款所列职位涉及国家秘密的，不实行聘任制。

● 行政法规及文件

2.《保守国家秘密法实施条例》（2014年1月17日）

第7条　各级保密行政管理部门应当组织开展经常性的保密宣传教育。机关、单位应当定期对本机关、本单位工作人员进行保密形势、保密法律法规、保密技术防范等方面的教育培训。

第十条　国家鼓励支持创新

国家鼓励和支持保密科学技术研究和应用，提升自主创新能力，依法保护保密领域的知识产权。

第十一条　保密工作经费预算

县级以上人民政府应当将保密工作纳入本级国民经济和社会发展规划，所需经费列入本级预算。

机关、单位开展保密工作所需经费应当列入本机关、本单位年度预算或者年度收支计划。

● **行政法规及文件**

《保守国家秘密法实施条例》（2014年1月17日）

第4条　县级以上人民政府应当加强保密基础设施建设和关键保密科技产品的配备。

省级以上保密行政管理部门应当加强关键保密科技产品的研发工作。

保密行政管理部门履行职责所需的经费，应当列入本级人民政府财政预算。机关、单位开展保密工作所需经费应当列入本机关、本单位的年度财政预算或者年度收支计划。

第十二条　激励保障机制

国家加强保密人才培养和队伍建设，完善相关激励保障机制。

对在保守、保护国家秘密工作中做出突出贡献的组织和个人，按照国家有关规定给予表彰和奖励。

第二章　国家秘密的范围和密级

第十三条　国家秘密范围

下列涉及国家安全和利益的事项，泄露后可能损害国家在政治、经济、国防、外交等领域的安全和利益的，应当确定为国家秘密：

（一）国家事务重大决策中的秘密事项；

（二）国防建设和武装力量活动中的秘密事项；

（三）外交和外事活动中的秘密事项以及对外承担保密义务的秘密事项；

（四）国民经济和社会发展中的秘密事项；

（五）科学技术中的秘密事项；

（六）维护国家安全活动和追查刑事犯罪中的秘密事项；

（七）经国家保密行政管理部门确定的其他秘密事项。

政党的秘密事项中符合前款规定的，属于国家秘密。

● 法　律

1.《反间谍法》（2023 年 4 月 26 日）

第 24 条　国家安全机关工作人员依法执行反间谍工作任务时，依照规定出示工作证件，可以查验中国公民或者境外人员的身份证明，向有关个人和组织问询有关情况，对身份不明、有间谍行为嫌疑的人员，可以查看其随带物品。

2.《档案法》（2020 年 6 月 20 日）

第 20 条　涉及国家秘密的档案的管理和利用，密级的变更和解密，应当依照有关保守国家秘密的法律、行政法规规定办理。

3. 《密码法》（2019 年 10 月 26 日）

第 7 条　核心密码、普通密码用于保护国家秘密信息，核心密码保护信息的最高密级为绝密级，普通密码保护信息的最高密级为机密级。

核心密码、普通密码属于国家秘密。密码管理部门依照本法和有关法律、行政法规、国家有关规定对核心密码、普通密码实行严格统一管理。

4. 《刑事诉讼法》（2018 年 10 月 26 日）

第 54 条　人民法院、人民检察院和公安机关有权向有关单位和个人收集、调取证据。有关单位和个人应当如实提供证据。

行政机关在行政执法和查办案件过程中收集的物证、书证、视听资料、电子数据等证据材料，在刑事诉讼中可以作为证据使用。

对涉及国家秘密、商业秘密、个人隐私的证据，应当保密。

凡是伪造证据、隐匿证据或者毁灭证据的，无论属于何方，必须受法律追究。

第 152 条　采取技术侦查措施，必须严格按照批准的措施种类、适用对象和期限执行。

侦查人员对采取技术侦查措施过程中知悉的国家秘密、商业秘密和个人隐私，应当保密；对采取技术侦查措施获取的与案件无关的材料，必须及时销毁。

采取技术侦查措施获取的材料，只能用于对犯罪的侦查、起诉和审判，不得用于其他用途。

公安机关依法采取技术侦查措施，有关单位和个人应当配合，并对有关情况予以保密。

5. 《测绘法》（2017 年 4 月 27 日）

第 34 条　县级以上人民政府测绘地理信息主管部门应当积极推进公众版测绘成果的加工和编制工作，通过提供公众版测绘成果、保密技术处理等方式，促进测绘成果的社会化应用。

测绘成果保管单位应当采取措施保障测绘成果的完整和安全，并按照国家有关规定向社会公开和提供利用。

测绘成果属于国家秘密的，适用保密法律、行政法规的规定；需要对外提供的，按照国务院和中央军事委员会规定的审批程序执行。

测绘成果的秘密范围和秘密等级，应当依照保密法律、行政法规的规定，按照保障国家秘密安全、促进地理信息共享和应用的原则确定并及时调整、公布。

第47条　地理信息生产、保管、利用单位应当对属于国家秘密的地理信息的获取、持有、提供、利用情况进行登记并长期保存，实行可追溯管理。

从事测绘活动涉及获取、持有、提供、利用属于国家秘密的地理信息，应当遵守保密法律、行政法规和国家有关规定。

地理信息生产、利用单位和互联网地图服务提供者收集、使用用户个人信息的，应当遵守法律、行政法规关于个人信息保护的规定。

● **行政法规及文件**

6. **《反间谍法实施细则》**（2017 年 11 月 22 日）

第 17 条　《反间谍法》第二十四条所称"非法持有属于国家秘密的文件、资料和其他物品"是指：

（一）不应知悉某项国家秘密的人员携带、存放属于该项国家秘密的文件、资料和其他物品的；

（二）可以知悉某项国家秘密的人员，未经办理手续，私自携带、留存属于该项国家秘密的文件、资料和其他物品的。

7. **《全国经济普查条例》**（2018 年 8 月 11 日）

第 32 条　各级经济普查机构及其工作人员对在经济普查中所知悉的国家秘密和经济普查对象的商业秘密、个人信息，应当依法履行保密义务。

● 案例指引

1. 违规存储、处理涉密数字化测绘成果（涉密数字化测绘成果的保密管理典型案例之一）①

案例要旨：案件查办工作中发现，这种使用非涉密计算机、非涉密存储设备（如移动硬盘、U 盘等）存储、处理涉密数字化测绘成果的现象较为突出，而且绝大部分涉密测绘成果使用单位和测绘资质单位（以下简称用图单位）事实上已经配备了专门处理涉密测绘成果的涉密计算机及其他涉密信息设备，但当事人往往为了方便自己在同一设备上集中处理各类公务（包括涉密和非涉密）而发生违规。用图单位应当按照被许可的使用目的和范围，将涉密数字化测绘成果严格限定在本单位的涉密信息设备、系统和工作环境中进行处理，封堵电子文件流出封闭系统环境的一切途径和渠道。

2. 擅自扫描保存涉密数字化测绘成果（涉密数字化测绘成果的保密管理典型案例之二）

案例要旨：涉密数字化测绘成果泄密和违规案件的对象不仅包括测绘地理信息部门依法制作、生成的数字化成果，也包括当事人违规采取复印、扫描、拍摄、翻拍、摄录等手段并进行数字化处理而形成的各种载体，这些未经法定授权而擅自制作的"产品"同样承载了涉密测绘地理信息数据等国家秘密，应当按照涉密载体的相关规定和要求进行管控与处理。违规数字化的问题在少数用图单位较为严重，尤其是使用连接互联网的非涉密信息设备对纸质涉密地图进行扫描、处理存在极大的泄密隐患。在使用目的或项目完成后，销毁除按照规定应当汇交、存档之外的全部涉密数字化测绘成果及其衍生产品，必要时可以销毁存储、处理成果的涉密信息设备。

---

① 参见国家保密局网站，https://www.gjbmj.gov.cn/n1/2018/0717/c420077-30152310.html，2024 年 4 月 16 日访问，以下不再标注。

3. 保密管理不善（涉密数字化测绘成果的保密管理典型案例之三）

案例要旨：对于传统的纸质涉密测绘成果而言，丢失、被盗是主要的泄密渠道，而对于涉密数字化测绘成果来说，相关载体的丢失、被盗仍是一个重要风险点，这也与数字化成果中信息的易复制性密切相关。以涉密测绘成果光盘为例，光盘这种载体基本上只起到中转数据的作用，当事人一旦将数据导入信息设备开始作业后，对光盘本身则不太关注，随意放置乃至日久遗忘的情况较为普遍。应逐步减少乃至停止生产、制作直接刻录光盘等无保密技术措施的数字化测绘成果，从源头上消除泄密隐患。

4. 没有严格执行保密制度（涉密数字化测绘成果的保密管理典型案例之五）

案例要旨：涉密地形图等纸质成果的密级标识一般会被标注于图幅上部，而涉密数字化测绘成果的表现形式是电子文件，只有用特定软件将文件打开后才能看到包括密级标识在内的具体内容，显示在计算机文件夹和目录中的文件名基本上反映不出文件的涉密性质（极少数涉密数字化测绘成果在命名文件时会写上密级），在管理松懈的情况下特别容易发生泄密后果。生产、制作单位应当加快涉密数字化测绘成果的分发控制和追本溯源的研究、开发与运用，大力推进文件加密、电子水印等保密技术防护和审计措施。

第十四条　密级

国家秘密的密级分为绝密、机密、秘密三级。

绝密级国家秘密是最重要的国家秘密，泄露会使国家安全和利益遭受特别严重的损害；机密级国家秘密是重要的国家秘密，泄露会使国家安全和利益遭受严重的损害；秘密级国家秘密是一般的国家秘密，泄露会使国家安全和利益遭受损害。

第十五条 **国家秘密及密级的确定、公布与调整**

国家秘密及其密级的具体范围（以下简称保密事项范围），由国家保密行政管理部门单独或者会同有关中央国家机关规定。

军事方面的保密事项范围，由中央军事委员会规定。

保密事项范围的确定应当遵循必要、合理原则，科学论证评估，并根据情况变化及时调整。保密事项范围的规定应当在有关范围内公布。

● **行政法规及文件**

1. 《保守国家秘密法实施条例》（2014 年 1 月 17 日）

第 8 条　国家秘密及其密级的具体范围（以下称保密事项范围）应当明确规定国家秘密具体事项的名称、密级、保密期限、知悉范围。

保密事项范围应当根据情况变化及时调整。制定、修订保密事项范围应当充分论证，听取有关机关、单位和相关领域专家的意见。

● **部门规章及文件**

2. 《保密事项范围制定、修订和使用办法》（2017 年 3 月 9 日）

第一章　总　　则

第 1 条　为规范国家秘密及其密级的具体范围（以下简称保密事项范围）的制定、修订和使用工作，根据《中华人民共和国保守国家秘密法》（以下简称保密法）及其实施条例，制定本办法。

第 2 条　保密事项范围由国家保密行政管理部门分别会同外交、公安、国家安全和其他中央有关机关制定、修订。

第 3 条　制定、修订保密事项范围应当从维护国家安全和利益出发，适应经济社会发展要求，以保密法确定的国家秘密基本范围为遵循，区分不同行业、领域，科学准确划定。

第4条 国家机关和涉及国家秘密的单位（以下简称机关、单位）应当严格依据保密事项范围，规范准确定密，不得比照类推、擅自扩大或者缩小国家秘密事项范围。

第5条 国家保密行政管理部门负责对保密事项范围制定、修订和使用工作进行指导监督。中央有关机关负责组织制定、修订本行业、本领域保密事项范围，并对使用工作进行指导监督。地方各级保密行政管理部门负责对本行政区域内机关、单位使用保密事项范围工作进行指导监督。

第二章 保密事项范围的形式、内容

第6条 保密事项范围名称为"××工作国家秘密范围的规定"，包括正文和目录。

第7条 正文应当以条款形式规定保密事项范围的制定依据，本行业、本领域国家秘密的基本范围，与其他保密事项范围的关系，解释机关和施行日期等内容。

第8条 目录作为规定的附件，名称为"××工作国家秘密目录"，应当以表格形式列明国家秘密具体事项及其密级、保密期限（解密时间或者解密条件）、产生层级、知悉范围等内容。

第9条 目录规定的国家秘密事项的密级应当为确定的密级。除解密时间和解密条件外，目录规定的保密期限应当为最长保密期限。国家秘密事项的产生层级能够明确的，知悉范围能够限定到机关、单位或者具体岗位的，目录应当作出列举。

对专业性强、弹性较大的条目或者名词，目录应当以备注形式作出说明。

第10条 保密事项范围内容属于国家秘密的，应当根据保密法有关规定确定密级和保密期限。

未经保密事项范围制定机关同意，机关、单位不得擅自公开或者对外提供保密事项范围。

第三章　保密事项范围的制定、修订程序

第 11 条　有下列情形的，中央有关机关应当与国家保密行政管理部门会商，组织制定或者修订保密事项范围：

（一）主管行业、领域经常产生国家秘密、尚未制定保密事项范围的；

（二）保密事项范围内容已不适应实际工作需要的；

（三）保密事项范围内容与法律法规规定不相符合的；

（四）因机构改革或者调整，影响保密事项范围适用的；

（五）其他应当制定或者修订的情形。

其他机关、单位认为有上述情形，需要制定、修订保密事项范围的，可以向国家保密行政管理部门或者中央有关机关提出建议。

第 12 条　保密事项范围由主管相关行业、领域工作的中央有关机关负责起草；涉及多个部门或者行业、领域的，由承担主要职能的中央有关机关牵头负责起草；不得委托社会中介机构及其他社会组织或者个人起草。

国家保密行政管理部门、中央有关机关应当定期对起草工作进行研究会商。

第 13 条　中央有关机关起草保密事项范围，应当进行调查研究，总结梳理本行业、本领域国家秘密事项，广泛征求有关机关、单位和相关领域专家意见。

第 14 条　中央有关机关完成起草工作后，应当将保密事项范围送审稿送国家保密行政管理部门审核，同时提交下列材料：

（一）保密事项范围送审稿的说明；

（二）有关机关、单位或者相关领域专家的意见；

（三）其他有关材料，主要包括所在行业、领域国家秘密事项总结梳理情况等。

第 15 条　国家保密行政管理部门对保密事项范围送审稿应

当从以下方面进行审核：

（一）形式是否符合本办法规定；

（二）所列事项是否符合保密法关于国家秘密的规定；

（三）所列事项是否涵盖所在行业、领域国家秘密；

（四）所列事项是否属于法律法规要求公开或者其他不得确定为国家秘密的事项；

（五）所列事项表述是否准确、规范并具有可操作性；

（六）是否与其他保密事项范围协调、衔接；

（七）其他需要审核的内容。

国家保密行政管理部门可以组织有关专家对保密事项范围送审稿进行评议，听取意见。

第16条　国家保密行政管理部门审核认为保密事项范围送审稿需要作出修改的，应当与中央有关机关会商议定；需要进一步征求意见的，应当征求有关机关、单位意见；无需修改的，应当会同中央有关机关形成保密事项范围草案和草案说明，并启动会签程序。

第17条　保密事项范围应当由国家保密行政管理部门、中央有关机关主要负责人共同签署批准。

第18条　保密事项范围使用中央有关机关的发文字号印发。印发时，应当严格控制发放范围，并注明能否转发以及转发范围。

第四章　保密事项范围的使用

第19条　机关、单位定密应当符合保密事项范围目录的规定。

第20条　机关、单位依据保密事项范围目录定密，应当遵循下列要求：

（一）密级应当严格按照目录的规定确定，不得高于或者低于规定的密级；

（二）保密期限应当在目录规定的最长保密期限内合理确定，不得超出最长保密期限；目录明确规定解密条件或解密时间的，从其规定；

（三）知悉范围应当依据目录的规定，根据工作需要限定到具体人员；不能限定到具体人员的，应当限定到具体单位、部门或者岗位。

第21条　机关、单位可以依据本行业、本领域和相关行业、领域保密事项范围目录，整理制定国家秘密事项一览表（细目），详细列举本机关、本单位产生的国家秘密事项的具体内容、密级、保密期限（解密条件或者解密时间）、产生部门或者岗位、知悉人员以及载体形式等。

国家秘密事项一览表（细目），应当经本机关、本单位审定后实施，并报同级保密行政管理部门备案。

第22条　机关、单位对符合保密法规定，但保密事项范围正文和目录没有规定的不明确事项，应当按照保密法实施条例第十九条的规定办理。

第23条　保密行政管理部门进行密级鉴定，需要适用保密事项范围的，应当以保密事项范围的目录作为依据；直接适用正文的，应当征求制定保密事项范围的中央有关机关意见。

第24条　中央有关机关应当加强对本行业、本领域保密事项范围使用的教育培训，确保所在行业、领域准确理解保密事项范围的内容、使用要求。

机关、单位应当将保密事项范围的学习、使用纳入定密培训内容，确保定密责任人和承办人熟悉并准确掌握相关保密事项范围内容，严格依据保密事项范围定密。

第25条　保密行政管理部门应当加强对机关、单位使用保密事项范围情况的监督检查，发现保密事项范围使用不当的，应当及时通知机关、单位予以纠正。

第五章 保密事项范围的解释、清理

第26条 有下列情形的,中央有关机关应当会同国家保密行政管理部门对保密事项范围作出书面解释:

(一)目录内容需要明确具体含义的;

(二)有关事项在目录中没有规定但符合正文规定情形,需要明确适用条件、适用范围的;

(三)不同保密事项范围对同类事项规定不一致的;

(四)其他需要作出解释的情形。

保密事项范围的解释和保密事项范围具有同等效力。

第27条 机关、单位认为保密事项范围存在本办法第二十六条规定情形的,可以建议保密事项范围制定机关作出解释。

第28条 保密事项范围的解释参照制定、修订程序作出。除涉及特殊国家秘密事项、需控制知悉范围的,应当按照保密事项范围印发范围发放。

第29条 国家保密行政管理部门、中央有关机关应当每五年对保密事项范围及其解释进行一次清理,也可以根据工作需要适时组织清理,并作出继续有效、进行修订、宣布废止等处理;对属于国家秘密的保密事项范围及其解释,应当同时作出是否解密的决定。

第30条 保密事项范围部分内容宣布废止、失效或者由其他保密事项范围替代的,不影响该保密事项范围其他部分的效力。

第六章 附 则

第31条 本办法施行前制定实施的保密事项范围,没有目录的应当即行清理,清理之前的继续有效,有关事项的保密期限和知悉范围按照保密法有关规定确定。

第32条 本办法由国家保密局负责解释。

第33条 本办法自2017年4月1日起施行。

第十六条　定密责任人

机关、单位主要负责人及其指定的人员为定密责任人，负责本机关、本单位的国家秘密确定、变更和解除工作。

机关、单位确定、变更和解除本机关、本单位的国家秘密，应当由承办人提出具体意见，经定密责任人审核批准。

● 行政法规及文件

《保守国家秘密法实施条例》（2014年1月17日）

第9条　机关、单位负责人为本机关、本单位的定密责任人，根据工作需要，可以指定其他人员为定密责任人。

专门负责定密的工作人员应当接受定密培训，熟悉定密职责和保密事项范围，掌握定密程序和方法。

第10条　定密责任人在职责范围内承担有关国家秘密确定、变更和解除工作。具体职责是：

（一）审核批准本机关、本单位产生的国家秘密的密级、保密期限和知悉范围；

（二）对本机关、本单位产生的尚在保密期限内的国家秘密进行审核，作出是否变更或者解除的决定；

（三）对是否属于国家秘密和属于何种密级不明确的事项先行拟定密级，并按照规定的程序报保密行政管理部门确定。

第17条　机关、单位被撤销或者合并的，该机关、单位所确定国家秘密的变更和解除，由承担其职能的机关、单位负责，也可以由其上级机关、单位或者保密行政管理部门指定的机关、单位负责。

第十七条　定密权限

确定国家秘密的密级，应当遵守定密权限。

中央国家机关、省级机关及其授权的机关、单位可以确定绝密级、机密级和秘密级国家秘密；设区的市级机关及其授权的机关、单位可以确定机密级和秘密级国家秘密；特殊情况下无法按照上述规定授权定密的，国家保密行政管理部门或者省、自治区、直辖市保密行政管理部门可以授予机关、单位定密权限。具体的定密权限、授权范围由国家保密行政管理部门规定。

下级机关、单位认为本机关、本单位产生的有关定密事项属于上级机关、单位的定密权限，应当先行采取保密措施，并立即报请上级机关、单位确定；没有上级机关、单位的，应当立即提请有相应定密权限的业务主管部门或者保密行政管理部门确定。

公安机关、国家安全机关在其工作范围内按照规定的权限确定国家秘密的密级。

● 行政法规及文件

1. 《保守国家秘密法实施条例》（2014年1月17日）

第11条 中央国家机关、省级机关以及设区的市、自治州级机关可以根据保密工作需要或者有关机关、单位的申请，在国家保密行政管理部门规定的定密权限、授权范围内作出定密授权。

定密授权应当以书面形式作出。授权机关应当对被授权机关、单位履行定密授权的情况进行监督。

中央国家机关、省级机关作出的授权，报国家保密行政管理部门备案；设区的市、自治州级机关作出的授权，报省、自治区、直辖市保密行政管理部门备案。

● 部门规章及文件

2.《国家秘密定密管理暂行规定》（2014年3月9日）

第6条 中央国家机关、省级机关以及设区的市、自治州一级的机关（以下简称授权机关）可以根据工作需要或者机关、单位申请作出定密授权。

保密行政管理部门应当将授权机关名单在有关范围内公布。

第7条 中央国家机关可以在主管业务工作范围内作出授予绝密级、机密级和秘密级国家秘密定密权的决定。省级机关可以在主管业务工作范围内或者本行政区域内作出授予绝密级、机密级和秘密级国家秘密定密权的决定。设区的市、自治州一级的机关可以在主管业务工作范围内或者本行政区域内作出授予机密级和秘密级国家秘密定密权的决定。

定密授权不得超出授权机关的定密权限。被授权机关、单位不得再行授权。

第8条 授权机关根据工作需要，可以对承担本机关定密权限内的涉密科研、生产或者其他涉密任务的机关、单位，就具体事项作出定密授权。

第9条 没有定密权但经常产生国家秘密事项的机关、单位，或者虽有定密权但经常产生超出其定密权限的国家秘密事项的机关、单位，可以向授权机关申请定密授权。

机关、单位申请定密授权，应当向其上级业务主管部门提出；没有上级业务主管部门的，应当向其上级机关提出。

机关、单位申请定密授权，应当书面说明拟申请的定密权限、事项范围、授权期限以及申请依据和理由。

第10条 授权机关收到定密授权申请后，应当依照保密法律法规和国家秘密及其密级的具体范围（以下简称保密事项范围）进行审查。对符合授权条件的，应当作出定密授权决定；对不符合授权条件的，应当作出不予授权的决定。

定密授权决定应当以书面形式作出，明确被授权机关、单位的名称和具体定密权限、事项范围、授权期限。

第 11 条　授权机关应当对被授权机关、单位行使所授定密权情况进行监督，对发现的问题及时纠正。

保密行政管理部门发现定密授权不当或者被授权机关、单位对所授定密权行使不当的，应当通知有关机关、单位纠正。

第 12 条　被授权机关、单位不再经常产生授权范围内的国家秘密事项，或者因保密事项范围调整授权事项不再作为国家秘密的，授权机关应当及时撤销定密授权。

因保密事项范围调整授权事项密级发生变化的，授权机关应当重新作出定密授权。

第 13 条　中央国家机关、省级机关作出的授权决定和撤销授权决定，报国家保密行政管理部门备案。设区的市、自治州一级的机关作出的授权决定和撤销授权决定，报省、自治区、直辖市保密行政管理部门备案。

机关、单位收到定密授权决定或者撤销定密授权决定后，应当报同级保密行政管理部门备案。

第十八条　派生定密

机关、单位执行上级确定的国家秘密事项或者办理其他机关、单位确定的国家秘密事项，需要派生定密的，应当根据所执行、办理的国家秘密事项的密级确定。

● 部门规章及文件

《派生国家秘密定密管理暂行办法》（2023 年 2 月 27 日）

第 1 条　为规范派生国家秘密定密（以下简称派生定密）管理，根据《中华人民共和国保守国家秘密法》及其实施条例，制定本办法。

第2条　本办法适用于国家机关和涉及国家秘密的单位（以下简称机关、单位）开展派生定密的工作。

第3条　本办法所称派生定密，是指机关、单位对执行或者办理已定密事项所产生的国家秘密，依法确定、变更和解除的活动。

第4条　本办法所称保密要点（以下简称密点），是指决定一个事项具备国家秘密本质属性的关键内容，可以与非国家秘密以及其他密点明确区分。

第5条　机关、单位开展派生定密，不受定密权限限制。无法定定密权的机关、单位可以因执行或者办理已定密事项，派生国家秘密。具有较低定密权的机关、单位可以因执行或者办理较高密级的已定密事项，派生超出本机关、单位定密权限的国家秘密。

第6条　机关、单位负责人及其指定的人员为本机关、本单位的派生定密责任人，履行派生国家秘密确定、变更和解除的责任。

第7条　机关、单位因执行或者办理已定密事项而产生的事项（以下简称派生事项），符合下列情形之一的，应当确定为国家秘密：

（一）与已定密事项完全一致的；

（二）涉及已定密事项密点的；

（三）是对已定密事项进行概括总结、编辑整合、具体细化的；

（四）原定密机关、单位对使用已定密事项有明确定密要求的。

第8条　派生国家秘密的密级应当与已定密事项密级保持一致。已定密事项明确密点及其密级的，应当与所涉及密点的最高密级保持一致。

第 9 条　派生国家秘密的保密期限应当按照已定密事项的保密期限确定，或者与所涉及密点的最长保密期限保持一致。已定密事项未明确保密期限的，可以征求原定密机关、单位意见后确定并作出标注，或者按照保密法规定的最长保密期限执行。

第 10 条　派生国家秘密的知悉范围，应当根据工作需要确定，经本机关、本单位负责人批准。能够限定到具体人员的，限定到具体人员。

原定密机关、单位有明确规定的，应当遵守其规定。

第 11 条　派生国家秘密的确定应当按照国家秘密确定的法定程序进行。承办人依据已定密事项或者密点，拟定密级、保密期限和知悉范围，报定密责任人审核。定密责任人对承办人意见进行审核，作出决定。

派生定密应当作出书面记录，注明承办人、定密责任人和定密依据。定密依据应当写明依据的文件名称、文号、密级、保密期限等。

第 12 条　机关、单位所执行或者办理的已定密事项没有变更或者解密的，派生国家秘密不得变更或者解密；所执行或者办理的已定密事项已经变更或者解密的，派生国家秘密的密级、保密期限、知悉范围应当及时作出相应变更或者予以解密。

机关、单位认为所执行或者办理的已定密事项需要变更或者解密的，可以向原定密机关、单位或者其上级机关、单位提出建议。未经有关机关、单位同意，派生国家秘密不得擅自变更或者解密。

第 13 条　派生国家秘密的变更、解除程序应当履行国家秘密变更或者解除的法定程序。承办人依据已定密事项或者密点的变更、解除情况，提出派生国家秘密变更或者解除意见，报定密责任人审核批准，并作出书面记录。

书面记录应当注明承办人、定密责任人、已定密事项或者密点的变更或者解除情况，以及解密后作为工作秘密管理或者予以公开等。

第14条　派生事项不是对已定密事项内容或者密点进行概括总结、编辑整合、具体细化的，不应当派生定密。该事项是否需要定密，应当依照保密法律法规和国家秘密及其密级具体范围（以下简称保密事项范围）判断。

第15条　派生事项既包括已定密事项内容或者密点，也包括有关行业、领域保密事项范围规定事项的，应当同时依据已定密事项和有关保密事项范围进行定密。密级、保密期限应当按照已定密事项和保密事项范围规定事项的最高密级、最长保密期限确定。知悉范围根据工作需要限定到最小范围。

第16条　原定密机关、单位应当准确确定并规范标注国家秘密的密级、保密期限和知悉范围。对涉密国家科学技术、涉密科研项目、涉密工程、涉密政府采购以及其他可以明确密点的，应当确定密点并作出标注；不能明确标注的，可以附件、附注等形式作出说明。对无法明确密点的，可以编制涉密版和非涉密版，或者对执行、办理环节是否涉及国家秘密、工作秘密等提出明确要求。

原定密机关、单位发现其他机关、单位执行或者办理本机关、本单位已定密事项存在派生定密不当情形的，应当及时要求纠正或者建议纠正，必要时提起保密行政管理部门通知纠正或者责令整改。

第17条　机关、单位对已定密事项是否已变更或者解除以及派生事项是否涉及密点等情况不明确的，可以向原定密机关、单位请示或者函询，原定密机关、单位应当及时予以答复。

第18条　机关、单位应当依法履行派生定密主体责任，加强对本机关、本单位派生定密的监督管理，发现存在派生定密不当情形的，应当及时纠正。

第19条　上级机关、单位应当加强对下级机关、单位派生定密的指导和监督，发现下级机关、单位派生定密不当的，应当及时通知其纠正，也可以直接纠正。

第20条 各级保密行政管理部门应当依法对机关、单位派生定密进行指导、监督和检查，对发现的问题及时通知纠正或者责令整改。

第21条 机关、单位发现定密责任人和承办人定密不当，有下列情形之一的，应当及时纠正并进行批评教育；造成严重后果的，依规依纪依法给予处分：

（一）派生事项应当确定国家秘密而未确定的；

（二）派生事项不应当确定国家秘密而确定的；

（三）未按照法定程序派生定密的；

（四）未按规定标注派生国家秘密标志的；

（五）未按规定变更派生国家秘密的密级、保密期限、知悉范围的；

（六）派生国家秘密不应当解除而解除的；

（七）派生国家秘密应当解除而未解除的；

（八）违反本办法的其他情形。

第22条 本办法由国家保密局负责解释。

第23条 本办法自2023年4月1日起施行。

第十九条　机关、单位产生国家秘密事项时的处理

机关、单位对所产生的国家秘密事项，应当按照保密事项范围的规定确定密级，同时确定保密期限和知悉范围；有条件的可以标注密点。

● 行政法规及文件

《保守国家秘密法实施条例》（2014年1月17日）

第12条 机关、单位应当在国家秘密产生的同时，由承办

人依据有关保密事项范围拟定密级、保密期限和知悉范围，报定密责任人审核批准，并采取相应保密措施。

第二十条　保密期限

国家秘密的保密期限，应当根据事项的性质和特点，按照维护国家安全和利益的需要，限定在必要的期限内；不能确定期限的，应当确定解密的条件。

国家秘密的保密期限，除另有规定外，绝密级不超过三十年，机密级不超过二十年，秘密级不超过十年。

机关、单位应当根据工作需要，确定具体的保密期限、解密时间或者解密条件。

机关、单位对在决定和处理有关事项工作过程中确定需要保密的事项，根据工作需要决定公开的，正式公布时即视为解密。

● **行政法规及文件**

《保守国家秘密法实施条例》（2014年1月17日）

第13条　机关、单位对所产生的国家秘密，应当按照保密事项范围的规定确定具体的保密期限；保密事项范围没有规定具体保密期限的，可以根据工作需要，在保密法规定的保密期限内确定；不能确定保密期限的，应当确定解密条件。

国家秘密的保密期限，自标明的制发日起计算；不能标明制发日的，确定该国家秘密的机关、单位应当书面通知知悉范围内的机关、单位和人员，保密期限自通知之日起计算。

第二十一条　知悉范围的确定

国家秘密的知悉范围，应当根据工作需要限定在最小范围。

国家秘密的知悉范围能够限定到具体人员的，限定到具体人员；不能限定到具体人员的，限定到机关、单位，由该机关、单位限定到具体人员。

国家秘密的知悉范围以外的人员，因工作需要知悉国家秘密的，应当经过机关、单位主要负责人或者其指定的人员批准。原定密机关、单位对扩大国家秘密的知悉范围有明确规定的，应当遵守其规定。

● 行政法规及文件

《保守国家秘密法实施条例》（2014年1月17日）

第14条 机关、单位应当按照保密法的规定，严格限定国家秘密的知悉范围，对知悉机密级以上国家秘密的人员，应当作出书面记录。

第二十二条　国家秘密标志

机关、单位对承载国家秘密的纸介质、光介质、电磁介质等载体（以下简称国家秘密载体）以及属于国家秘密的设备、产品，应当作出国家秘密标志。

涉及国家秘密的电子文件应当按照国家有关规定作出国家秘密标志。

不属于国家秘密的，不得作出国家秘密标志。

● 行政法规及文件

《保守国家秘密法实施条例》（2014年1月17日）

第15条 国家秘密载体以及属于国家秘密的设备、产品的明显部位应当标注国家秘密标志。国家秘密标志应当标注密级和保密期限。国家秘密的密级和保密期限发生变更的，应当及时对原国家秘密标志作出变更。

无法标注国家秘密标志的，确定该国家秘密的机关、单位应当书面通知知悉范围内的机关、单位和人员。

第二十三条　密级、保密期限、知悉范围的变更

国家秘密的密级、保密期限和知悉范围，应当根据情况变化及时变更。国家秘密的密级、保密期限和知悉范围的变更，由原定密机关、单位决定，也可以由其上级机关决定。

国家秘密的密级、保密期限和知悉范围变更的，应当及时书面通知知悉范围内的机关、单位或者人员。

第二十四条　解密

机关、单位应当每年审核所确定的国家秘密。

国家秘密的保密期限已满的，自行解密。在保密期限内因保密事项范围调整不再作为国家秘密，或者公开后不会损害国家安全和利益，不需要继续保密的，应当及时解密；需要延长保密期限的，应当在原保密期限届满前重新确定密级、保密期限和知悉范围。提前解密或者延长保密期限的，由原定密机关、单位决定，也可以由其上级机关决定。

● 行政法规及文件

《保守国家秘密法实施条例》（2014年1月17日）

第16条　机关、单位对所产生的国家秘密，认为符合保密法有关解密或者延长保密期限规定的，应当及时解密或者延长保密期限。

机关、单位对不属于本机关、本单位产生的国家秘密，认为符合保密法有关解密或者延长保密期限规定的，可以向原定密机关、单位或者其上级机关、单位提出建议。

已经依法移交各级国家档案馆的属于国家秘密的档案，由原定密机关、单位按照国家有关规定进行解密审核。

第二十五条 国家秘密事项及密级争议的处理

> 机关、单位对是否属于国家秘密或者属于何种密级不明确或者有争议的，由国家保密行政管理部门或者省、自治区、直辖市保密行政管理部门按照国家保密规定确定。

● 行政法规及文件

《保守国家秘密法实施条例》（2014年1月17日）

第19条 机关、单位对符合保密法的规定，但保密事项范围没有规定的不明确事项，应当先行拟定密级、保密期限和知悉范围，采取相应的保密措施，并自拟定之日起10日内报有关部门确定。拟定为绝密级的事项和中央国家机关拟定的机密级、秘密级的事项，报国家保密行政管理部门确定；其他机关、单位拟定的机密级、秘密级的事项，报省、自治区、直辖市保密行政管理部门确定。

保密行政管理部门接到报告后，应当在10日内作出决定。省、自治区、直辖市保密行政管理部门还应当将所作决定及时报国家保密行政管理部门备案。

第20条 机关、单位对已定密事项是否属于国家秘密或者属于何种密级有不同意见的，可以向原定密机关、单位提出异议，由原定密机关、单位作出决定。

机关、单位对原定密机关、单位未予处理或者对作出的决定仍有异议的，按照下列规定办理：

（一）确定为绝密级的事项和中央国家机关确定的机密级、秘密级的事项，报国家保密行政管理部门确定。

（二）其他机关、单位确定的机密级、秘密级的事项，报省、自治区、直辖市保密行政管理部门确定；对省、自治区、直辖市保密行政管理部门作出的决定有异议的，可以报国家保密行政管理部门确定。

在原定密机关、单位或者保密行政管理部门作出决定前，对有关事项应当按照主张密级中的最高密级采取相应的保密措施。

第三章　保密制度

第二十六条　国家秘密载体

国家秘密载体的制作、收发、传递、使用、复制、保存、维修和销毁，应当符合国家保密规定。

绝密级国家秘密载体应当在符合国家保密标准的设施、设备中保存，并指定专人管理；未经原定密机关、单位或者其上级机关批准，不得复制和摘抄；收发、传递和外出携带，应当指定人员负责，并采取必要的安全措施。

● 行政法规及文件

《保守国家秘密法实施条例》（2014年1月17日）

第21条　国家秘密载体管理应当遵守下列规定：

（一）制作国家秘密载体，应当由机关、单位或者经保密行政管理部门保密审查合格的单位承担，制作场所应当符合保密要求。

（二）收发国家秘密载体，应当履行清点、编号、登记、签收手续。

（三）传递国家秘密载体，应当通过机要交通、机要通信或者其他符合保密要求的方式进行。

（四）复制国家秘密载体或者摘录、引用、汇编属于国家秘密的内容，应当按照规定报批，不得擅自改变原件的密级、保密期限和知悉范围，复制件应当加盖复制机关、单位戳记，并视同原件进行管理。

（五）保存国家秘密载体的场所、设施、设备，应当符合国家保密要求。

（六）维修国家秘密载体，应当由本机关、本单位专门技术人员负责。确需外单位人员维修的，应当由本机关、本单位的人员现场监督；确需在本机关、本单位以外维修的，应当符合国家保密规定。

（七）携带国家秘密载体外出，应当符合国家保密规定，并采取可靠的保密措施；携带国家秘密载体出境的，应当按照国家保密规定办理批准和携带手续。

● 案例指引

1. 源头采集环节加强源头管理（汇编文件资料　要把"好事办好"典型案例之一）[1]

案例要旨：从采集源头环节来看，主要分为从互联网上搜索直接汇编成册和从文件、正式出版物等其他途径引用。出问题的环节多为没有认真审核、比对原文密级，导致涉密文件未能及时发现。一方面，涉密文件资料汇编坚决禁止从个人网站及其他文档共享类社会网站获取，不但无法核对真伪，还难以确定密级。另一方面，如果从涉密文件资料中选取、摘录、引用，应当认真、逐份、反复核对原文密级及保密期限，确保准确无误。其中，对历史性文件资料的使用，还应尤其关注是否已超保密期限、保密期限是否延长、是否已进行了降密或解密等问题并进行一一核实，确保汇编的每份文件资料都有据可查、准确翔实。

2. 编辑处理环节加强过程管理（汇编文件资料　要把"好事办好"典型案例之二）

案例要旨：从编辑处理环节来看，存在明知汇编文件资料涉密仍然故意私自抹去密级，不在汇编封面标注密级；或者不认真比对，存在漏看、漏审情况；或者明知涉密仍违规使用非涉密计算机存储、

---

[1] 参见国家保密局网站，https://www.gjbmj.gov.cn/n1/2018/1012/c420077-30337201.html，2024年4月16日访问，以下不再标注。

处理,使用互联网邮箱传输,使用非涉密打印机打印等。一是强化审核制度,进一步细化资料收集、初审、复核等不同岗位的岗位职责,明确责任分工;同时,认真梳理不同岗位存在的业务风险点,并制定有针对性的解决措施,有效防范不加审核直接汇编、只审标题不审内容、选择性审核等情况的发生;尤其是对政府信息公开审核、公开出版物内容审核要重点"关注",最大程度避免过失泄密的发生。二是加强检查查处。定期组织专项检查,对从事汇编工作的人员使用的计算机、存储介质、保密柜等进行检查,及时发现失泄密隐患。同时,严肃责任追究,发现存在违反保密法律法规行为,发现一起,查处一起,绝不手软。

3. 保存使用环节加强后续管理(汇编文件资料 要把"好事办好"典型案例之三)

案例要旨:从保存使用环节来看,存在未经保密审查或保密审查不严,将汇编文件据为己有、私自提供;或者擅自上传到网站、违规出版或将出版物电子化;或者不按相关保密规定妥善保管,随意处置,将汇编文件当作废品丢弃、售卖导致密件流失、被网上出售甚至相关内容被境外反动网站刊登等。汇编文件资料下发后的保存、使用一直是保密管理的重点难点问题。一是明确底账。对印发了多少份、发往了哪些单位和人员,要做到账目明确,心中有数;同时要对印发的涉密汇编材料编号登记,一旦出了问题,有据可查。二是签订保密承诺书。对领取单位和人员提出保密要求,签订保密承诺书,并对上网公开须经保密审查、禁止私自复制和对外提供等容易出现问题的环节进行重点强调。三是落实销毁制度,明确销毁流程,严防随意处置、违规销毁等情况的发生。

第二十七条　属于国家秘密的设备、产品

属于国家秘密的设备、产品的研制、生产、运输、使用、保存、维修和销毁,应当符合国家保密规定。

● **行政法规及文件**

《保守国家秘密法实施条例》（2014年1月17日）

第22条 销毁国家秘密载体应当符合国家保密规定和标准，确保销毁的国家秘密信息无法还原。

销毁国家秘密载体应当履行清点、登记、审批手续，并送交保密行政管理部门设立的销毁工作机构或者保密行政管理部门指定的单位销毁。机关、单位确因工作需要，自行销毁少量国家秘密载体的，应当使用符合国家保密标准的销毁设备和方法。

● **案例指引**

1. 送外维修易失控（信息设备维修泄密隐患分析与对策典型案例之一）[①]

案例要旨：按照保密法规要求，涉密信息设备维修，应当在本单位内部进行，确需送外维修的，须拆除涉密信息存储部件。充分利用身边人、身边事，讲清保密工作的具体要求，展示泄密案件的重大危害，让全体工作人员，特别是涉密人员时刻牢记保密要求，在维修信息设备上严格落实相关保密规定，坚决克服侥幸心理和图省事思想，确保各项保密措施覆盖设备维修全过程。

2. 雇人维修有风险（信息设备维修泄密隐患分析与对策典型案例之二）

案例要旨：按照保密法规要求，维修国家秘密载体，应当由本机关、本单位专门技术人员负责。但当保密和日常工作存在冲突时，很多工作人员不能始终把保密作为前提。加强对涉密信息设备的管理，统一采购、登记、标识、配备，做到台账完备，底数清楚，责任使用人明确；建立完善信息设备维修使用管理制度，落实"谁使用，谁负责"原则，严格履行维修审批登记手续；统筹保密设备维

[①] 参见国家保密局网站，https://www.gjbmj.gov.cn/n1/2018/0829/c420077-30258182.html，2024年4月16日访问，以下不再标注。

修管理，在加大构建涉密维修维护网络的同时，注重强化保密资质（资格）单位的宣传和相关技术合作交流，充分发挥保密技术服务机构主体作用，不断丰富技术防护、技术检测、维修维护等方面的手段和能力。

3. 旁站监督要落实（信息设备维修泄密隐患分析与对策典型案例之三）

案例要旨：按照保密法规要求，涉密信息设备维修，应当指定专人全程监督。一些单位在设备维修过程中没有很好地落实监督人员旁站的要求，究其原因是维修工作管理不够严格。机关单位要适时开展自查自评，对涉密信息设备从购买到报废全寿命全过程，严格按有关保密规定管理；将办公自动化设备纳入检查范围，高度重视涉密信息设备维修等重要环节，及时查找存在的泄密隐患，确保保密法规规定能够得到有效的落实。保密行政管理部门要通过常规检查、专项检查等方式，加强对信息设备使用、维修等违规问题的查处。

第二十八条　国家秘密载体管理中的禁止性行为

机关、单位应当加强对国家秘密载体的管理，任何组织和个人不得有下列行为：

（一）非法获取、持有国家秘密载体；

（二）买卖、转送或者私自销毁国家秘密载体；

（三）通过普通邮政、快递等无保密措施的渠道传递国家秘密载体；

（四）寄递、托运国家秘密载体出境；

（五）未经有关主管部门批准，携带、传递国家秘密载体出境；

（六）其他违反国家秘密载体保密规定的行为。

> **第二十九条** **禁止非法复制、记录、储存、传递国家秘密**
>
> 禁止非法复制、记录、存储国家秘密。
>
> 禁止未按照国家保密规定和标准采取有效保密措施，在互联网及其他公共信息网络或者有线和无线通信中传递国家秘密。
>
> 禁止在私人交往和通信中涉及国家秘密。

● 法　律

《密码法》（2019年10月26日）

第14条　在有线、无线通信中传递的国家秘密信息，以及存储、处理国家秘密信息的信息系统，应当依照法律、行政法规和国家有关规定使用核心密码、普通密码进行加密保护、安全认证。

> **第三十条** **涉密信息系统保密管理**
>
> 存储、处理国家秘密的计算机信息系统（以下简称涉密信息系统）按照涉密程度实行分级保护。
>
> 涉密信息系统应当按照国家保密规定和标准规划、建设、运行、维护，并配备保密设施、设备。保密设施、设备应当与涉密信息系统同步规划、同步建设、同步运行。
>
> 涉密信息系统应当按照规定，经检查合格后，方可投入使用，并定期开展风险评估。

● 行政法规及文件

《保守国家秘密法实施条例》（2014年1月17日）

第23条　涉密信息系统按照涉密程度分为绝密级、机密级、秘密级。机关、单位应当根据涉密信息系统存储、处理信息的最高密级确定系统的密级，按照分级保护要求采取相应的安全保密防护措施。

第三十一条　涉密信息系统保密管理中的禁止性行为

机关、单位应当加强对信息系统、信息设备的保密管理，建设保密自监管设施，及时发现并处置安全保密风险隐患。任何组织和个人不得有下列行为：

（一）未按照国家保密规定和标准采取有效保密措施，将涉密信息系统、涉密信息设备接入互联网及其他公共信息网络；

（二）未按照国家保密规定和标准采取有效保密措施，在涉密信息系统、涉密信息设备与互联网及其他公共信息网络之间进行信息交换；

（三）使用非涉密信息系统、非涉密信息设备存储或者处理国家秘密；

（四）擅自卸载、修改涉密信息系统的安全技术程序、管理程序；

（五）将未经安全技术处理的退出使用的涉密信息设备赠送、出售、丢弃或者改作其他用途；

（六）其他违反信息系统、信息设备保密规定的行为。

● **行政法规及文件**

《保守国家秘密法实施条例》（2014 年 1 月 17 日）

第 24 条　涉密信息系统应当由国家保密行政管理部门设立或者授权的保密测评机构进行检测评估，并经设区的市、自治州级以上保密行政管理部门审查合格，方可投入使用。

公安、国家安全机关的涉密信息系统投入使用的管理办法，由国家保密行政管理部门会同国务院公安、国家安全部门另行规定。

第 42 条　涉密信息系统未按照规定进行检测评估和审查而投入使用的，由保密行政管理部门责令改正，并建议有关机关、单位对直接负责的主管人员和其他直接责任人员依法给予处分。

● 案例指引

1. 连接互联网的办公自动化（OA）系统密件频传[1]

案例要旨：当前，机关单位对于 OA 系统的依赖性越来越强。一些机关单位罔顾不得在连接互联网的计算机中存储、处理涉密文件资料的规定，贪图方便，利用连接互联网的 OA 系统起草、审批、制发、扫描、传递涉密文件资料，造成严重泄密隐患。为确保涉密文件资料不在连接互联网的 OA 系统中存储、流转，必须建立 OA 系统上传、传输文件资料审批制度。同时，对于国家秘密信息的产生、使用和管理必须严格规范，绝不允许将国家秘密信息扩散到没有保护措施的连接互联网的 OA 系统中去。机关单位要明确 OA 系统的权限范围，明确合法用户的权限，明确其可以进行什么类型的访问操作，防止合法用户越权使用系统资源。对涉及内容敏感程度不高的系统，可以按用户类别进行访问权限控制；对涉及内容敏感性强的系统，访问权限要控制到单个用户。

2. 确保资料合法来源（收集涉密文件资料泄密案件启示典型案例之三）[2]

案例要旨：互联网网站、论坛、博客经常相互转发文章，多次转发的现象也极为普遍，其中也可能会包含涉密文件资料，而这些涉密文件资料在被转发时往往会被删除国家秘密标识并转换格式，从文章外部特征上已经很难判断出其国家秘密属性。在网络上不加区分地收集、转发文件资料，特别是收集、转发一些较为敏感领域的文件资料，客观上可能会导致涉密文件资料的进一步扩散。文件资料应当从正常渠道收集，确保其合法性和正确性，同时也确保了

---

[1] 参见国家保密局网站，https：//www.gjbmj.gov.cn/n1/2016/1226/c409095-28978054.html，2024 年 4 月 16 日访问。

[2] 参见国家保密局网站，https：//www.gjbmj.gov.cn/n1/2019/1115/c420077-31458076.html，2024 年 4 月 16 日访问，以下不再标注。

涉密文件资料的知悉范围符合保密规定。互联网上既有官方正式公布或授权指定媒体公布的文件，也有其他网站或者自媒体转载的来源不明的信息，在收集、使用时需要甄别其性质和来源，原则上非官方媒体正式公布的文件资料不得作为开展相关工作、研究的正式依据。

第三十二条　安全保密产品和保密技术装备抽检、复检制度

用于保护国家秘密的安全保密产品和保密技术装备应当符合国家保密规定和标准。

国家建立安全保密产品和保密技术装备抽检、复检制度，由国家保密行政管理部门设立或者授权的机构进行检测。

● 法　律

1. 《密码法》（2019年10月26日）

第35条　商用密码检测、认证机构违反本法第二十五条第二款、第三款规定开展商用密码检测认证的，由市场监督管理部门会同密码管理部门责令改正或者停止违法行为，给予警告，没收违法所得；违法所得三十万元以上的，可以并处违法所得一倍以上三倍以下罚款；没有违法所得或者违法所得不足三十万元的，可以并处十万元以上三十万元以下罚款；情节严重的，依法吊销相关资质。

● 行政法规及文件

2. 《保守国家秘密法实施条例》（2014年1月17日）

第25条　机关、单位应当加强涉密信息系统的运行使用管理，指定专门机构或者人员负责运行维护、安全保密管理和安全审计，定期开展安全保密检查和风险评估。

涉密信息系统的密级、主要业务应用、使用范围和使用环境等发生变化或者涉密信息系统不再使用的，应当按照国家保密规

定及时向保密行政管理部门报告，并采取相应措施。

第三十三条 新闻、出版、传媒保密管理

报刊、图书、音像制品、电子出版物的编辑、出版、印制、发行，广播节目、电视节目、电影的制作和播放，网络信息的制作、复制、发布、传播，应当遵守国家保密规定。

第三十四条 网络运营者保密管理

网络运营者应当加强对其用户发布的信息的管理，配合监察机关、保密行政管理部门、公安机关、国家安全机关对涉嫌泄露国家秘密案件进行调查处理；发现利用互联网及其他公共信息网络发布的信息涉嫌泄露国家秘密的，应当立即停止传输该信息，保存有关记录，向保密行政管理部门或者公安机关、国家安全机关报告；应当根据保密行政管理部门或者公安机关、国家安全机关的要求，删除涉及泄露国家秘密的信息，并对有关设备进行技术处理。

● 法 律

《**网络安全法**》（2016 年 11 月 7 日）

第 10 条 建设、运营网络或者通过网络提供服务，应当依照法律、行政法规的规定和国家标准的强制性要求，采取技术措施和其他必要措施，保障网络安全、稳定运行，有效应对网络安全事件，防范网络违法犯罪活动，维护网络数据的完整性、保密性和可用性。

第 77 条 存储、处理涉及国家秘密信息的网络的运行安全保护，除应当遵守本法外，还应当遵守保密法律、行政法规的规定。

第三十五条　拟公开信息保密审查

机关、单位应当依法对拟公开的信息进行保密审查，遵守国家保密规定。

第三十六条　数据处理保密管理

开展涉及国家秘密的数据处理活动及其安全监管应当符合国家保密规定。

国家保密行政管理部门和省、自治区、直辖市保密行政管理部门会同有关主管部门建立安全保密防控机制，采取安全保密防控措施，防范数据汇聚、关联引发的泄密风险。

机关、单位应当对汇聚、关联后属于国家秘密事项的数据依法加强安全管理。

第三十七条　与境外组织、机构、个人合作的保密管理

机关、单位向境外或者向境外在中国境内设立的组织、机构提供国家秘密，任用、聘用的境外人员因工作需要知悉国家秘密的，按照国家有关规定办理。

● 法　律

1.《刑法》（2023 年 12 月 29 日）

第 110 条　有下列间谍行为之一，危害国家安全的，处十年以上有期徒刑或者无期徒刑；情节较轻的，处三年以上十年以下有期徒刑：

（一）参加间谍组织或者接受间谍组织及其代理人的任务的；

（二）为敌人指示轰击目标的。

● 司法解释及文件

2.《最高人民法院关于审理为境外窃取、刺探、收买、非法提供国家秘密、情报案件具体应用法律若干问题的解释》（2001年1月17日）

为依法惩治为境外的机构、组织、人员窃取、刺探、收买、非法提供国家秘密、情报犯罪活动，维护国家安全和利益，根据刑法有关规定，现就审理这类案件具体应用法律的若干问题解释如下：

第1条 刑法第一百一十一条规定的"国家秘密"，是指《中华人民共和国保守国家秘密法》第二条、第八条以及《中华人民共和国保守国家秘密法实施办法》第四条确定的事项。刑法第一百一十一条规定的"情报"，是指关系国家安全和利益、尚未公开或者依照有关规定不应公开的事项。

对为境外机构、组织、人员窃取、刺探、收买、非法提供国家秘密之外的情报的行为，以为境外窃取、刺探、收买、非法提供情报罪定罪处罚。

第2条 为境外窃取、刺探、收买、非法提供国家秘密或者情报，具有下列情形之一的，属于"情节特别严重"，处10年以上有期徒刑、无期徒刑，可以并处没收财产：

（一）为境外窃取、刺探、收买、非法提供绝密级国家秘密的；

（二）为境外窃取、刺探、收买、非法提供三项以上机密级国家秘密的；

（三）为境外窃取、刺探、收买、非法提供国家秘密或者情报，对国家安全和利益造成其他特别严重损害的。

实施前款行为，对国家和人民危害特别严重、情节特别恶劣的，可以判处死刑，并处没收财产。

第3条 为境外窃取、刺探、收买、非法提供国家秘密或者情报，具有下列情形之一的，处5年以上10年以下有期徒刑，可以并处没收财产：

（一）为境外窃取、刺探、收买、非法提供机密级国家秘密的；

（二）为境外窃取、刺探、收买、非法提供三项以上秘密级国家秘密的；

（三）为境外窃取、刺探、收买、非法提供国家秘密或者情报，对国家安全和利益造成其他严重损害的。

第4条 为境外窃取、刺探、收买、非法提供秘密级国家秘密或者情报，属于"情节较轻"，处5年以下有期徒刑、拘役、管制或者剥夺政治权利，可以并处没收财产。

第5条 行为人知道或者应当知道没有标明密级的事项关系国家安全和利益，而为境外窃取、刺探、收买、非法提供的，依照刑法第一百一十一条的规定以为境外窃取、刺探、收买、非法提供国家秘密罪定罪处罚。

第6条 通过互联网将国家秘密或者情报非法发送给境外的机构、组织、个人的，依照刑法第一百一十一条的规定定罪处罚；将国家秘密通过互联网予以发布，情节严重的，依照刑法第三百九十八条的规定定罪处罚。

第7条 审理为境外窃取、刺探、收买、非法提供国家秘密案件，需要对有关事项是否属于国家秘密以及属于何种密级进行鉴定的，由国家保密工作部门或者省、自治区、直辖市保密工作部门鉴定。

3.《最高人民法院、国家保密局关于执行〈关于审理为境外窃取、刺探、收买、非法提供国家秘密、情报案件具体应用法律若干问题的解释〉有关问题的通知》（2001年8月22日）

各省、自治区、直辖市高级人民法院，解放军军事法院，新疆维吾尔自治区高级人民法院生产建设兵团分院；各省、自治区、直辖市保密局：

为正确执行最高人民法院法释〔2001〕4号《关于审理为境外窃取、刺探、收买、非法提供国家秘密、情报案件具体应用法律若干问题的解释》，审理好涉及情报的刑事案件，现就有关情报的鉴定问题通知如下：

人民法院审理为境外窃取、刺探、收买、非法提供情报案件，需要对有关事项是否属于情报进行鉴定的，由国家保密工作部门或者省、自治区、直辖市保密工作部门鉴定。

第三十八条　举办会议等活动的保密管理

举办会议或者其他活动涉及国家秘密的，主办单位应当采取保密措施，并对参加人员进行保密教育，提出具体保密要求。

● **行政法规及文件**

《保守国家秘密法实施条例》（2014年1月17日）

第27条　举办会议或者其他活动涉及国家秘密的，主办单位应当采取下列保密措施：

（一）根据会议、活动的内容确定密级，制定保密方案，限定参加人员范围；

（二）使用符合国家保密规定和标准的场所、设施、设备；

（三）按照国家保密规定管理国家秘密载体；

（四）对参加人员提出具体保密要求。

第三十九条　保密要害部门、部位的保密管理

机关、单位应当将涉及绝密级或者较多机密级、秘密级国家秘密的机构确定为保密要害部门，将集中制作、存放、保管国家秘密载体的专门场所确定为保密要害部位，按照国家保密规定和标准配备、使用必要的技术防护设施、设备。

● 案例指引

办公室泄密警示录[①]

案例要旨：存放、保管涉密载体的办公场所，其安全性、封闭性必须满足一定的标准，能够防止盗窃、窥视和破坏行为的发生。以保密要害部门部位为例，不仅应当满足"三铁一器"的基本要求，还应当限制非涉密人员的进出。此外，还要适时对存放、保管涉密载体办公室的安全情况进行检查，一旦出现问题，应及时采取补救措施，减少损失。

第四十条　军事禁区等涉密场所、部位保密措施

军事禁区、军事管理区和属于国家秘密不对外开放的其他场所、部位，应当采取保密措施，未经有关部门批准，不得擅自决定对外开放或者扩大开放范围。

涉密军事设施及其他重要涉密单位周边区域应当按照国家保密规定加强保密管理。

第四十一条　涉密企事业单位保密管理

从事涉及国家秘密业务的企业事业单位，应当具备相应的保密管理能力，遵守国家保密规定。

从事国家秘密载体制作、复制、维修、销毁，涉密信息系统集成，武器装备科研生产，或者涉密军事设施建设等涉及国家秘密业务的企业事业单位，应当经过审查批准，取得保密资质。

---

① 参见国家保密局网站，https://www.gjbmj.gov.cn/n1/2016/1226/c409095-28978023.html，2024年4月16日访问。

● 行政法规及文件

1. 《保守国家秘密法实施条例》（2014年1月17日）

第28条　企业事业单位从事国家秘密载体制作、复制、维修、销毁，涉密信息系统集成或者武器装备科研生产等涉及国家秘密的业务（以下简称涉密业务），应当由保密行政管理部门或者保密行政管理部门会同有关部门进行保密审查。保密审查不合格的，不得从事涉密业务。

第29条　从事涉密业务的企业事业单位应当具备下列条件：

（一）在中华人民共和国境内依法成立3年以上的法人，无违法犯罪记录；

（二）从事涉密业务的人员具有中华人民共和国国籍；

（三）保密制度完善，有专门的机构或者人员负责保密工作；

（四）用于涉密业务的场所、设施、设备符合国家保密规定和标准；

（五）具有从事涉密业务的专业能力；

（六）法律、行政法规和国家保密行政管理部门规定的其他条件。

● 部门规章及文件

2. 《国家秘密载体印制资质管理办法》（2020年12月22日）

第一章　总　　则

第1条　为了加强国家秘密载体印制资质管理，确保国家秘密安全，根据《中华人民共和国保守国家秘密法》、《中华人民共和国行政许可法》、《中华人民共和国行政处罚法》、《中华人民共和国保守国家秘密法实施条例》等有关法律法规，制定本办法。

第2条　本办法所称国家秘密载体印制（以下简称涉密印制），是指以印刷、复制等方式制作国家秘密载体的行为。

涉密印制资质是指保密行政管理部门许可企业事业单位从事

国家秘密载体印制业务的法定资格。

第3条　涉密印制资质的申请、受理、审查、决定、使用和监督管理，适用本办法。

第4条　从事涉密印制业务的企业事业单位应当依照本办法，取得涉密印制资质。

国家机关和涉及国家秘密的单位（以下简称机关、单位）应当选择具有涉密印制资质的单位（以下简称资质单位）承接涉密印制业务。

第5条　涉密印制资质管理应当遵循依法管理、安全保密、科学发展、公平公正的原则。

第6条　国家保密行政管理部门主管全国涉密印制资质管理工作，省级保密行政管理部门主管本行政区域内涉密印制资质管理工作。

省级以上保密行政管理部门根据工作需要，可以委托下一级保密行政管理部门开展审查工作，或者组织机构协助开展工作。

第7条　省级以上保密行政管理部门应当指定专门机构承担保密资质管理日常工作。

第8条　省级以上保密行政管理部门建立保密资质审查专家库，组织开展入库审查、培训考核等工作。

第9条　实施涉密印制资质许可不收取任何费用，所需经费纳入同级财政预算。

第二章　等级与条件

第10条　涉密印制资质分为甲级和乙级两个等级。

甲级资质单位可以从事绝密级、机密级、秘密级涉密印制业务；乙级资质单位可以从事机密级、秘密级涉密印制业务。

第11条　涉密印制资质包括涉密文件资料、国家统一考试试卷、涉密防伪票据证书、涉密光电磁介质、涉密档案数字化加工，以及国家保密行政管理部门许可的其他涉密印制业务。

资质单位应当在保密行政管理部门许可的业务种类范围内承接涉密印制业务。

第12条　申请单位应当具备以下基本条件：

（一）在中华人民共和国境内注册的法人，从事印制业务三年以上，甲级资质申请单位还应当具备相应乙级资质三年以上；

（二）无犯罪记录且近三年内未被吊销保密资质（资格），法定代表人、主要负责人、实际控制人未被列入失信人员名单；

（三）法定代表人、主要负责人、实际控制人、董（监）事会人员、高级管理人员以及从事涉密印制业务人员具有中华人民共和国国籍，无境外永久居留权或者长期居留许可，与境外人员无婚姻关系，国家另有规定的除外；

（四）具有从事涉密印制业务的专业能力；

（五）法律、行政法规和国家保密行政管理部门规定的其他条件。

第13条　申请单位应当具备以下保密条件：

（一）有专门机构或者人员负责保密工作；

（二）保密制度完善；

（三）从事涉密印制业务的人员经过保密教育培训，具备必要的保密知识和技能；

（四）用于涉密印制业务的场所、设施、设备符合国家保密规定和标准；

（五）有专门的保密工作经费；

（六）法律、行政法规和国家保密行政管理部门规定的其他保密条件。

第14条　申请涉密文件资料、涉密光电磁介质、涉密档案数字化加工资质的单位不得有外国投资者投资。在新三板挂牌的企业申请资质以及资质有效期内的，还应当符合以下条件：

（一）参与挂牌交易的股份比例不高于总股本的30%；

（二）实际控制人在申请期间及资质有效期内保持控制地位不变。

第15条　申请国家统一考试试卷、涉密防伪票据证书资质的单位不得由外国投资者控股。

第16条　申请单位应当建立完善的内部管理和信息披露制度，未经国务院有关主管部门或者省级人民政府有关主管部门批准，外国投资者不得接触、知悉国家秘密信息。

第17条　申请单位申请不同等级和业务种类的涉密印制资质，应当符合涉密印制资质具体条件的要求。

第三章　申请、受理、审查与决定

第18条　申请甲级资质的，应当向国家保密行政管理部门提出申请；申请乙级资质的，应当向注册地的省级保密行政管理部门提出申请。申请单位应当提交以下材料：

（一）《国家秘密载体印制资质申请书》（以下简称申请书）；

（二）企业营业执照或者事业单位法人证书；

（三）在登记机关备案的章程；

（四）从事印刷、复制等经营活动的许可证明；

（五）法定代表人、主要负责人、实际控制人、董（监）事会人员、高级管理人员以及从事涉密印制业务的其他人员情况；

（六）资本结构和股权情况；

（七）上一年度企业年度报告；

（八）生产经营和办公场所的产权证书或者租赁合同；

（九）近三年印制业务合同清单；

（十）涉密印制业务设备、场所和保密设施、设备情况；

（十一）基本管理制度、保密制度以及保密体系运行情况。

申请书及相关材料不得涉及国家秘密，申请单位应当对申请材料的真实性和完整性负责。

第19条　保密行政管理部门收到申请材料后，应当在五日内完成审查。申请材料齐全且符合法定形式的，应当受理并发出受理通知书；申请材料不齐全或者不符合法定形式的，应当一次告知申请单位十五日内补正材料；逾期未告知申请单位补正的，自收到申请材料之日起即为受理。申请单位十五日内不予补正的，视为放弃本次行政许可申请。

第 20 条 资质审查分为书面审查、现场审查。确有需要的，可以组织专家开展评审。

第 21 条 对作出受理决定的，保密行政管理部门应当对提交的申请材料进行书面审查。

第 22 条 对书面审查合格的单位，保密行政管理部门应当指派两名以上工作人员，并可以结合工作实际指派一名以上审查专家，依据涉密印制资质审查细则和评分标准，对保密制度、保密工作机构、保密监督管理、涉密人员管理、保密技术防护以及从事涉密印制业务的专业能力等情况进行现场审查。

涉密印制资质审查细则和评分标准由国家保密行政管理部门另行规定。

第 23 条 现场审查应当按照以下程序进行：

（一）提前五日以传真、电子邮件等形式书面通知申请单位现场审查时间；

（二）听取申请单位情况汇报和对有关事项的说明；

（三）审查有关材料；

（四）与主要负责人、保密工作负责人及有关人员谈话了解情况；

（五）组织涉密人员进行保密知识测试；

（六）对涉密场所、涉密设备等进行实地查看；

（七）汇总现场审查情况，形成现场审查报告；

（八）通报审查情况，申请单位法定代表人或者主要负责人在现场审查报告上签字确认。

第 24 条　申请单位具有下列情形之一的，保密行政管理部门应当终止审查：

（一）隐瞒有关情况或者提供虚假材料的；

（二）采取贿赂、请托等不正当手段，影响审查工作公平公正进行的；

（三）无正当理由拒绝按通知时间接受现场审查的；

（四）现场审查中发现不符合评分标准基本项的；

（五）其他违反保密法律法规的行为。

第 25 条　申请单位书面审查、现场审查合格的，保密行政管理部门应当准予行政许可。

申请单位具有下列情形之一的，保密行政管理部门应当作出不予行政许可的书面决定，说明理由并告知申请单位相关权利。

（一）书面审查不合格的；

（二）现场审查不合格的；

（三）终止审查的；

（四）法律、行政法规规定的不予行政许可的其他情形。

第 26 条　保密行政管理部门应当自受理申请之日起二十日内，对申请单位作出准予行政许可或者不予行政许可的决定。二十日内不能作出决定的，经本行政机关负责人批准，可以延长十日，并应当将延长期限的理由告知申请单位。

保密行政管理部门组织开展专家评审、鉴定所需时间不计入行政许可期限。

第 27 条　保密行政管理部门作出准予行政许可的决定的，自作出决定之日起十日内向申请单位颁发《国家秘密载体印制资质证书》（以下简称《资质证书》）。

第 28 条　《资质证书》有效期为五年，分为正本和副本，正本和副本具有同等法律效力。样式由国家保密行政管理部门统一制作，主要包括以下内容：

（一）单位名称；

（二）法定代表人；

（三）注册地址；

（四）证书编号；

（五）资质等级；

（六）业务种类；

（七）发证机关；

（八）有效期和发证日期。

第29条 《资质证书》有效期满，需要继续从事涉密印制业务的，应当在有效期届满三个月前向保密行政管理部门提出延续申请，保密行政管理部门应当按照本办法有关规定开展审查，申请单位未按规定期限提出延续申请的，视为重新申请。

有效期届满且未准予延续前，不得签订新的涉密印制业务合同。对于已经签订合同但未完成的涉密业务，在确保安全保密的条件下可以继续完成。

第30条 省级保密行政管理部门应当将许可的乙级资质单位报国家保密行政管理部门备案。

准予行政许可和注销、吊销、撤销以及暂停资质的决定，由作出决定的保密行政管理部门在一定范围内予以发布。

第四章　监督与管理

第31条 省级以上保密行政管理部门应当加强对下一级保密行政管理部门以及协助开展审查工作的专门机构的监督检查，及时纠正资质管理中的违法违规行为。

第32条 保密行政管理部门应当开展"双随机"抽查、飞行检查等形式的保密检查，对资质单位从事涉密印制业务和保密管理情况进行监督。

第33条 机关、单位委托资质单位印制国家秘密载体，应当查验其《资质证书》，出具委托证明，签订保密协议，提出保密要求，督促落实保密措施。

资质单位应当查验、收取委托方的委托证明，并进行登记。没有委托证明的，资质单位不得承接。

第34条　资质单位与其他单位合作开展涉密印制业务的，合作单位应当具有相应的涉密印制资质且取得委托方书面同意。

资质单位不得将涉密印制业务分包或者转包给无相应涉密资质的单位。

第35条　乙级资质单位拟在注册地的省级行政区域外承接涉密印制业务的，应当向业务所在地的省级保密行政管理部门备案，接受保密监督管理。

第36条　资质单位实行年度自检制度，应当于每年3月31日前向作出准予行政许可决定的保密行政管理部门报送上一年度自检报告。

第37条　资质单位下列事项发生变更的，应当在变更前向保密行政管理部门书面报告：

（一）注册资本或者股权结构；

（二）控股股东或者实际控制人；

（三）单位性质或者隶属关系；

（四）用于涉密印制业务的场所。

保密行政管理部门应当对资质单位变更事项进行书面审查。通过审查的，资质单位应当按照审定事项实施变更，并在变更完成后十日内提交情况报告。

对影响或者可能影响国家安全的外商投资，应当按照外商投资安全审查制度进行安全审查。

资质单位发生控股股东或者实际控制人、单位性质或者隶属关系、用于涉密印制业务的场所等事项变更的，保密行政管理部门应当组织现场审查。

第38条　资质单位下列事项发生变更的，应当在变更后十日内向保密行政管理部门书面报告：

（一）单位名称；

（二）注册地址或者经营地址；

（三）经营范围；

（四）法定代表人、董（监）事会人员或者高级管理人员。

资质单位变更完成需换发《资质证书》的，由保密行政管理部门审核后重新颁发。

第39条　保密行政管理部门在现场审查、保密检查过程中，发现申请单位或者资质单位存在涉嫌泄露国家秘密的案件线索，应当根据工作需要，按照泄密案件管辖权限，经保密行政管理部门负责人批准，由具备执法资格的人员对有关设施、设备、载体等采取登记保存措施，依法开展调查工作。

保密行政管理部门调查结束后，认定申请单位或者资质单位存在违反保密法律法规事实的，违法行为发生地的保密行政管理部门应当按照本办法作出处理，并将违法事实、处理结果抄告受理申请或者准予行政许可的保密行政管理部门。

第40条　有下列情形之一的，作出准予行政许可决定的保密行政管理部门或者其上级保密行政管理部门，依据职权可以撤销行政许可：

（一）保密行政管理部门滥用职权、玩忽职守作出准予行政许可决定的；

（二）超越法定职权作出准予行政许可决定的；

（三）违反法定程序作出准予行政许可决定的；

（四）对不具备申请资格或者不符合法定条件的申请单位准予行政许可的；

（五）依法可以撤销行政许可的其他情形。

资质单位采取欺骗、贿赂等不正当手段取得资质的，保密行政管理部门应当撤销其资质，停止其涉密业务。自撤销之日起，三年内不得再次申请。

第41条 资质单位具有下列情形之一的,作出准予行政许可决定的保密行政管理部门应当注销其资质:

（一）《资质证书》有效期届满未延续的;

（二）法人资格依法终止的;

（三）主动申请注销资质的;

（四）行政许可依法被撤销、撤回,或者行政许可证件依法被吊销的;

（五）因不可抗力导致行政许可事项无法实施的;

（六）法律、行政法规规定的应当注销资质的其他情形。

第42条 申请单位或者资质单位对保密行政管理部门作出的决定不服的,可以依法申请行政复议或者提起行政诉讼。

第五章 法律责任

第43条 资质单位违反本办法的,依照本办法有关规定处理;构成犯罪的,依法追究刑事责任。

第44条 资质单位具有下列情形之一的,保密行政管理部门应当责令其在二十日内完成整改,逾期不改或者整改后仍不符合要求的,给予六个月以上十二个月以下暂停资质的处罚:

（一）未经委托方书面同意,擅自与其他涉密印制资质单位合作开展涉密印制业务的;

（二）超出行政许可的业务种类范围承接涉密印制业务的;

（三）发生需要报告的事项,未及时报告的;

（四）未按本办法提交年度自检报告的;

（五）不符合其他保密管理规定,存在泄密隐患的。

第45条 资质单位不再符合申请条件,或者具有下列情形之一的,保密行政管理部门应当吊销其资质,停止其涉密业务:

（一）涂改、出卖、出租、出借《资质证书》,或者以其他方式伪造、非法转让《资质证书》的;

（二）将涉密印制业务分包或者转包给无相应涉密资质单位的；

（三）发现国家秘密已经泄露或者可能泄露，未按法定时限报告的；

（四）拒绝接受保密检查的；

（五）资质暂停期间，承接新的涉密印制业务的；

（六）资质暂停期满，仍不符合保密管理规定的；

（七）发生泄密案件的；

（八）其他违反保密法律法规的行为。

第46条　申请单位隐瞒有关情况或者提供虚假材料的，保密行政管理部门应当作出不予受理或者不予行政许可的决定。自不予受理或者不予许可之日起，一年内不得再次申请。

第47条　未经保密行政管理部门许可的单位从事涉密印制业务的，由保密行政管理部门责令停止违法行为，非法获取、持有的国家秘密载体，应当予以收缴；有违法所得的，由市场监督管理部门没收违法所得；构成犯罪的，依法追究刑事责任。

第48条　机关、单位委托未经保密行政管理部门许可的单位从事涉密印制业务的，应当由有关机关、单位对直接负责的主管人员和其他直接责任人员依法给予处分；构成犯罪的，依法追究刑事责任。

第49条　保密行政管理部门及其工作人员未依法履行职责，或者滥用职权、玩忽职守、徇私舞弊的，对直接负责的主管人员和其他直接责任人员依法给予政务处分；构成犯罪的，依法追究刑事责任。

第六章　附　则

第50条　机关、单位内部非经营性印刷厂、文印中心（室），承担本机关、单位涉密印制业务的，可不申请涉密印制资质，由本机关、单位按照保密要害部门部位进行管理，接受同级保密行政管理部门监督指导。

第 51 条　申请单位资本结构包含香港特别行政区、澳门特别行政区、台湾地区投资者以及定居在国外中国公民投资者的，参照本办法管理。国家另有规定的，从其规定。

第 52 条　本办法规定的实施行政许可的期限以工作日计算，不含法定节假日。

第 53 条　本办法由国家保密局负责解释。

第 54 条　本办法自 2021 年 3 月 1 日起施行。国家保密局、国家工商行政管理总局、国家新闻出版总署发布的《国家秘密载体印制资质管理办法》（国保发〔2012〕7 号，国保发〔2019〕13 号修订）同时废止。

附件：国家秘密载体印制资质具体条件（略）

3.《涉密信息系统集成资质管理办法》（2020 年 12 月 10 日）

第一章　总　　则

第 1 条　为了加强涉密信息系统集成资质管理，确保国家秘密安全，根据《中华人民共和国保守国家秘密法》、《中华人民共和国行政许可法》、《中华人民共和国行政处罚法》、《中华人民共和国保守国家秘密法实施条例》等有关法律法规，制定本办法。

第 2 条　本办法所称涉密信息系统集成（以下简称涉密集成），是指涉密信息系统的规划、设计、建设、监理和运行维护等活动。

涉密集成资质是指保密行政管理部门许可企业事业单位从事涉密信息系统集成业务的法定资格。

第 3 条　涉密集成资质的申请、受理、审查、决定、使用和监督管理，适用本办法。

第 4 条　从事涉密集成业务的企业事业单位应当依照本办法，取得涉密集成资质。

国家机关和涉及国家秘密的单位（以下简称机关、单位）应当选择具有涉密集成资质的单位（以下简称资质单位）承接涉密集成业务。

第 5 条　涉密集成资质管理应当遵循依法管理、安全保密、科学发展、公平公正的原则。

第 6 条　国家保密行政管理部门主管全国涉密集成资质管理工作，省级保密行政管理部门主管本行政区域内涉密集成资质管理工作。

省级以上保密行政管理部门根据工作需要，可以委托下一级保密行政管理部门开展审查工作，或者组织机构协助开展工作。

第 7 条　省级以上保密行政管理部门应当指定专门机构承担保密资质管理日常工作。

第 8 条　省级以上保密行政管理部门建立保密资质审查专家库，组织开展入库审查、培训考核等工作。

第 9 条　实施涉密集成资质许可不收取任何费用，所需经费纳入同级财政预算。

第二章　等级与条件

第 10 条　涉密集成资质分为甲级和乙级两个等级。

甲级资质单位可以从事绝密级、机密级和秘密级涉密集成业务；乙级资质单位可以从事机密级、秘密级涉密集成业务。

第 11 条　涉密集成资质包括总体集成、系统咨询、软件开发、安防监控、屏蔽室建设、运行维护、数据恢复、工程监理，以及国家保密行政管理部门许可的其他涉密集成业务。取得总体集成业务种类许可的，除从事系统集成业务外，还可从事软件开发、安防监控和所承建系统的运行维护业务。

资质单位应当在保密行政管理部门许可的业务种类范围内承接涉密集成业务。承接涉密系统咨询、工程监理业务的，不得承接所咨询、监理业务的其他涉密集成业务。

第 12 条　申请单位应当具备以下基本条件：

（一）在中华人民共和国境内依法成立三年以上的法人；

（二）无犯罪记录且近三年内未被吊销保密资质（资格），法定代表人、主要负责人、实际控制人未被列入失信人员名单；

（三）法定代表人、主要负责人、实际控制人、董（监）事会人员、高级管理人员以及从事涉密集成业务人员具有中华人民共和国国籍，无境外永久居留权或者长期居留许可，与境外人员无婚姻关系，国家另有规定的除外；

（四）具有从事涉密集成业务的专业能力；

（五）法律、行政法规和国家保密行政管理部门规定的其他条件。

第 13 条　申请单位应当具备以下保密条件：

（一）有专门机构或者人员负责保密工作；

（二）保密制度完善；

（三）从事涉密集成业务的人员经过保密教育培训，具备必要的保密知识和技能；

（四）用于涉密集成业务的场所、设施、设备符合国家保密规定和标准；

（五）有专门的保密工作经费；

（六）法律、行政法规和国家保密行政管理部门规定的其他保密条件。

第 14 条　申请单位应当无外国投资者直接投资，且通过间接方式投资的外国投资者在申请单位中的出资比例最终不得超过 20%；申请单位及其股东的实际控制人不得为外国投资者，外国投资者在申请单位母公司中的出资比例最终不得超过 20%。

在新三板挂牌的企业申请资质以及资质有效期内的，还应当符合以下条件：

（一）参与挂牌交易的股份比例不高于总股本的 30%；

（二）实际控制人在申请期间及资质有效期内保持控制地位

不变。

第15条　申请单位应当建立完善的内部管理和信息披露制度，未经国务院有关主管部门或者省级人民政府有关主管部门批准，外国投资者不得接触、知悉国家秘密信息。

第16条　申请单位申请不同等级和业务种类的涉密集成资质，应当符合涉密集成资质具体条件的要求。

第三章　申请、受理、审查与决定

第17条　申请甲级资质的，应当向国家保密行政管理部门提出申请；申请乙级资质的，应当向注册地的省级保密行政管理部门提出申请。申请单位应当提交以下材料：

（一）《涉密信息系统集成资质申请书》（以下简称申请书）；

（二）企业营业执照或者事业单位法人证书；

（三）在登记机关备案的章程；

（四）法定代表人、主要负责人、实际控制人、董（监）事会人员、高级管理人员以及从事涉密集成业务的其他人员情况；

（五）资本结构和股权情况；

（六）生产经营和办公场所产权证书或者租赁合同；

（七）近三年集成业务合同清单；

（八）涉密集成业务场所和保密设施、设备情况；

（九）基本管理制度、保密制度以及保密体系运行情况。

申请书及相关材料不得涉及国家秘密，申请单位应当对申请材料的真实性和完整性负责。

第18条　保密行政管理部门收到申请材料后，应当在五日内完成审查。申请材料齐全且符合法定形式的，应当受理并发出受理通知书；申请材料不齐全或者不符合法定形式的，应当一次告知申请单位十五日内补正材料；逾期未告知申请单位补正的，自收到申请材料之日起即为受理。申请单位十五日内不予补正的，视为放弃本次行政许可申请。

第19条 资质审查分为书面审查、现场审查。确有需要的,可以组织专家开展评审。

第20条 对作出受理决定的,保密行政管理部门应当对提交的申请材料进行书面审查。

第21条 对书面审查合格的单位,保密行政管理部门应当指派两名以上工作人员,并可以结合工作实际指派一名以上审查专家,依据涉密集成资质审查细则和评分标准,对保密制度、保密工作机构、保密监督管理、涉密人员管理、保密技术防护以及从事涉密集成业务的专业能力等情况进行现场审查。

涉密集成资质审查细则和评分标准由国家保密行政管理部门另行规定。

第22条 现场审查应当按照以下程序进行:

(一)提前五日以传真、电子邮件等形式书面通知申请单位现场审查时间;

(二)听取申请单位情况汇报和对有关事项的说明;

(三)审查有关材料;

(四)与主要负责人、保密工作负责人及有关人员谈话了解情况;

(五)组织涉密人员进行保密知识测试;

(六)对涉密场所、涉密设备等进行实地查看;

(七)汇总现场审查情况,形成现场审查报告;

(八)通报审查情况,申请单位法定代表人或者主要负责人在现场审查报告上签字确认。

第23条 申请单位具有下列情形之一的,保密行政管理部门应当终止审查:

(一)隐瞒有关情况或者提供虚假材料的;

(二)采取贿赂、请托等不正当手段,影响审查工作公平公正进行的;

（三）无正当理由拒绝按通知时间接受现场审查的；

（四）现场审查中发现不符合评分标准基本项的；

（五）其他违反保密法律法规的行为。

第24条 申请单位书面审查、现场审查合格的，保密行政管理部门应当准予行政许可。

申请单位具有下列情形之一的，保密行政管理部门应当作出不予行政许可的书面决定，说明理由并告知申请单位相关权利：

（一）书面审查不合格的；

（二）现场审查不合格的；

（三）终止审查的；

（四）法律、行政法规规定的不予行政许可的其他情形。

第25条 保密行政管理部门应当自受理申请之日起二十日内，对申请单位作出准予行政许可或者不予行政许可的决定。二十日内不能作出决定的，经本行政机关负责人批准，可以延长十日，并应当将延长期限的理由告知申请单位。

保密行政管理部门组织开展专家评审、鉴定所需时间不计入行政许可期限。

第26条 保密行政管理部门作出准予行政许可的决定的，自作出决定之日起十日内向申请单位颁发《涉密信息系统集成资质证书》（以下简称《资质证书》）。

第27条 《资质证书》有效期为五年，分为正本和副本，正本和副本具有同等法律效力。样式由国家保密行政管理部门统一制作，主要包括以下内容：

（一）单位名称；

（二）法定代表人；

（三）注册地址；

（四）证书编号；

（五）资质等级；

（六）业务种类；

（七）发证机关；

（八）有效期和发证日期。

第 28 条　《资质证书》有效期满，需要继续从事涉密集成业务的，应当在有效期届满三个月前向保密行政管理部门提出延续申请，保密行政管理部门应当按照本办法有关规定开展审查，申请单位未按规定期限提出延续申请的，视为重新申请。

有效期届满且未准予延续前，不得签订新的涉密集成业务合同。对于已经签订合同但未完成的涉密业务，在确保安全保密的条件下可以继续完成。

第 29 条　省级保密行政管理部门应当将许可的乙级资质单位报国家保密行政管理部门备案。

准予行政许可和注销、吊销、撤销以及暂停资质的决定，由作出决定的保密行政管理部门在一定范围内予以发布。

第四章　监督与管理

第 30 条　省级以上保密行政管理部门应当加强对下一级保密行政管理部门以及协助开展审查工作的专门机构的监督检查，及时纠正资质管理中的违法违规行为。

第 31 条　保密行政管理部门应当开展"双随机"抽查、飞行检查等形式的保密检查，对资质单位从事涉密集成业务和保密管理情况进行监督。

第 32 条　机关、单位委托资质单位从事涉密集成业务，应当查验其《资质证书》，签订保密协议，提出保密要求，采取保密措施，加强涉密业务实施现场的监督检查。

第 33 条　资质单位与其他单位合作开展涉密集成业务的，合作单位应当具有相应的涉密集成资质且取得委托方书面同意。

资质单位不得将涉密集成业务分包或者转包给无相应涉密资质的单位。

第 34 条　资质单位承接涉密集成业务的，应当在签订合同后三十日内，向业务所在地省级保密行政管理部门备案，接受保密监督管理。

第 35 条　乙级资质单位拟在注册地的省级行政区域外承接涉密集成业务的，应当向业务所在地的省级保密行政管理部门备案，接受保密监督管理。

第 36 条　资质单位实行年度自检制度，应当于每年 3 月 31 日前向作出准予行政许可决定的保密行政管理部门报送上一年度自检报告。

第 37 条　资质单位下列事项发生变更的，应当在变更前向保密行政管理部门书面报告：

（一）注册资本或者股权结构；

（二）控股股东或者实际控制人；

（三）单位性质或者隶属关系；

（四）用于涉密集成业务的场所。

保密行政管理部门应当对资质单位变更事项进行书面审查。通过审查的，资质单位应当按照审定事项实施变更，并在变更完成后十日内提交情况报告。

拟公开上市的，应当资质剥离后重新申请；对影响或者可能影响国家安全的外商投资，应当按照外商投资安全审查制度进行安全审查。

资质单位发生控股股东或者实际控制人、单位性质或者隶属关系、用于涉密集成业务的场所等事项变更的，保密行政管理部门应当组织现场审查。

第 38 条　资质单位下列事项发生变更的，应当在变更后十日内向保密行政管理部门书面报告：

（一）单位名称；

（二）注册地址或者经营地址；

（三）经营范围；

（四）法定代表人、董（监）事会人员或者高级管理人员。

资质单位变更完成需换发《资质证书》的，由保密行政管理部门审核后重新颁发。

第39条 保密行政管理部门在现场审查、保密检查过程中，发现申请单位或者资质单位存在涉嫌泄露国家秘密的案件线索，应当根据工作需要，按照泄密案件管辖权限，经保密行政管理部门负责人批准，由具备执法资格的人员对有关设施、设备、载体等采取登记保存措施，依法开展调查工作。

保密行政管理部门调查结束后，认定申请单位或者资质单位存在违反保密法律法规事实的，违法行为发生地的保密行政管理部门应当按照本办法作出处理，并将违法事实、处理结果抄告受理申请或者准予行政许可的保密行政管理部门。

第40条 有下列情形之一的，作出准予行政许可决定的保密行政管理部门或者其上级保密行政管理部门，依据职权可以撤销行政许可：

（一）保密行政管理部门滥用职权、玩忽职守作出准予行政许可决定的；

（二）超越法定职权作出准予行政许可决定的；

（三）违反法定程序作出准予行政许可决定的；

（四）对不具备申请资格或者不符合法定条件的申请单位准予行政许可的；

（五）依法可以撤销行政许可的其他情形。

资质单位采取欺骗、贿赂等不正当手段取得资质的，保密行政管理部门应当撤销其资质，停止其涉密业务。自撤销之日起，三年内不得再次申请。

第41条 资质单位具有下列情形之一的，作出准予行政许可决定的保密行政管理部门应当注销其资质：

（一）《资质证书》有效期届满未延续的；

（二）法人资格依法终止的；

（三）主动申请注销资质的；

（四）行政许可依法被撤销、撤回，或者行政许可证件依法被吊销的；

（五）因不可抗力导致行政许可事项无法实施的；

（六）法律、行政法规规定的应当注销资质的其他情形。

第 42 条　申请单位或者资质单位对保密行政管理部门作出的决定不服的，可以依法申请行政复议或者提起行政诉讼。

第五章　法律责任

第 43 条　资质单位违反本办法的，依照本办法有关规定处理；构成犯罪的，依法追究刑事责任。

第 44 条　资质单位具有下列情形之一的，保密行政管理部门应当责令其在二十日内完成整改，逾期不改或者整改后仍不符合要求的，应当给予六个月以上十二个月以下暂停资质的处罚：

（一）未经委托方书面同意，擅自与其他涉密集成资质单位合作开展涉密集成业务的；

（二）超出行政许可的业务种类范围承接涉密集成业务的；

（三）发生需要报告的事项，未及时报告的；

（四）承接涉密集成业务，未按规定备案的；

（五）未按本办法提交年度自检报告的；

（六）不符合其他保密管理规定，存在泄密隐患的。

第 45 条　资质单位不再符合申请条件，或者具有下列情形之一的，保密行政管理部门应当吊销其资质，停止其涉密业务：

（一）涂改、出卖、出租、出借《资质证书》，或者以其他方式伪造、非法转让《资质证书》的；

（二）将涉密集成业务分包或者转包给无相应涉密资质单

位的；

（三）发现国家秘密已经泄露或者可能泄露，未按法定时限报告的；

（四）拒绝接受保密检查的；

（五）资质暂停期间，承接新的涉密集成业务的；

（六）资质暂停期满，仍不符合保密管理规定的；

（七）发生泄密案件的；

（八）其他违反保密法律法规的行为。

第46条　申请单位隐瞒有关情况或者提供虚假材料的，保密行政管理部门应当作出不予受理或者不予行政许可的决定。自不予受理或者不予行政许可之日起，一年内不得再次申请。

第47条　未经保密行政管理部门许可的单位从事涉密集成业务的，由保密行政管理部门责令停止违法行为，非法获取、持有的国家秘密载体，应当予以收缴；有违法所得的，由市场监督管理部门没收违法所得；构成犯罪的，依法追究刑事责任。

第48条　机关、单位委托未经保密行政管理部门许可的单位从事涉密集成业务的，应当由有关机关、单位对直接负责的主管人员和其他直接责任人员依法给予处分；构成犯罪的，依法追究刑事责任。

第49条　保密行政管理部门及其工作人员未依法履行职责，或者滥用职权、玩忽职守、徇私舞弊的，对直接负责的主管人员和其他直接责任人员依法给予政务处分；构成犯罪的，依法追究刑事责任。

第六章　附　　则

第50条　机关、单位自行开展涉密信息系统集成业务，可以由本机关、单位内部信息化工作机构承担，接受同级保密行政管理部门监督指导。

第51条　申请单位资本结构包含香港特别行政区、澳门特别行政区、台湾地区投资者以及定居在国外中国公民投资者的，参照本办法管理。国家另有规定的，从其规定。

第52条 本办法规定的实施行政许可的期限以工作日计算，不含法定节假日。

第53条 本办法由国家保密局负责解释。

第54条 本办法自2021年3月1日起施行。国家保密局发布的《涉密信息系统集成资质管理办法》（国保发〔2013〕7号，国保发〔2019〕13号修订）同时废止。

附件：涉密信息系统集成资质具体条件（略）

● 案例指引

1. **命题环节保密管理不当**（加强国家统一考试保密管理典型案例之一）[①]

案例要旨：本案命题工作人员被利益驱使，利用职务之便，密谋将考前属于国家秘密的试卷对外传播，造成极其恶劣的影响。要强化审查，有关主管部门应当对命题审题人员、考务人员入闱前进行审查，杜绝有关人员参与或授意他人进行与考试命题审题有关的培训工作，或编写出版相关辅导用书。

2. **试卷印刷环节出现保密管理问题**（加强国家统一考试保密管理典型案例之二）

案例要旨：本案国家公职人员利用职务之便，秘密携带用于窃取试卷的照相机、内存卡、自制弹射装置等物品进入监区，违规拍摄属于绝密级国家秘密的试卷，并且传递至外部。要完善入闱管理制度。入闱人员不得携带任何除工作配备外的通讯、录音等工具进入命题场所、印刷场所，禁止无关人员进入，保障保密防护设备、设施的正常运行和使用。要落实定点印刷制度，确保印制厂区符合

[①] 参见国家保密局网站，https://www.gjbmj.gov.cn/n1/2018/1120/c420077-30411107.html，2024年4月16日访问，以下不再标注。

"国家统一考试试卷定点印制单位保密基本标准";试卷运送要通过机要渠道或使用可靠的交通工具,由双人以上专门押送,做到"人不离卷,卷不离人"。

3. 试卷交接环节出现泄密隐患(加强国家统一考试保密管理典型案例之三)

案例要旨:试卷交接环节所处的环境相对于命题环节、印刷环节更为复杂,涉及的单位多,极易发生泄密问题,是考务及保密管理机关单位应当重点关注与检查的环节。试卷的交接应当建立严格的查验手续,保密部门对试卷的交接过程进行现场监督检查;试卷保密室实行24小时值班守卫等制度。

4. 试卷保管环节出现泄密问题(加强国家统一考试保密管理典型案例之四)

案例要旨:本案中,试题在封存保管期间在保密室被窃,反映出有关负责人员未严格按规定执行保密规定,未采取必要的保密防范措施,导致泄密案件发生。要加强技术防护,针对目前已有的窃密技术,采取相应的应对措施,如屏蔽命题场所及印刷场所无线电信号、红外线刷脸谱进入试卷库、跟踪定位运卷车辆、对各环节进行实时远程视频监控等。同时,要加强新技术研究,及时有效应对新窃密手段窃密行为。

第四十二条　涉密业务签订保密协议

采购涉及国家秘密的货物、服务的机关、单位,直接涉及国家秘密的工程建设、设计、施工、监理等单位,应当遵守国家保密规定。

机关、单位委托企业事业单位从事涉及国家秘密的业务,应当与其签订保密协议,提出保密要求,采取保密措施。

● 行政法规及文件

《保守国家秘密法实施条例》（2014年1月17日）

第26条 机关、单位采购涉及国家秘密的工程、货物和服务的，应当根据国家保密规定确定密级，并符合国家保密规定和标准。机关、单位应当对提供工程、货物和服务的单位提出保密管理要求，并与其签订保密协议。

政府采购监督管理部门、保密行政管理部门应当依法加强对涉及国家秘密的工程、货物和服务采购的监督管理。

第43条 机关、单位委托未经保密审查的单位从事涉密业务的，由有关机关、单位对直接负责的主管人员和其他直接责任人员依法给予处分。

未经保密审查的单位从事涉密业务的，由保密行政管理部门责令停止违法行为；有违法所得的，由工商行政管理部门没收违法所得。

第四十三条　涉密人员分类、任用及能力要求

在涉密岗位工作的人员（以下简称涉密人员），按照涉密程度分为核心涉密人员、重要涉密人员和一般涉密人员，实行分类管理。

任用、聘用涉密人员应当按照国家有关规定进行审查。

涉密人员应当具有良好的政治素质和品行，经过保密教育培训，具备胜任涉密岗位的工作能力和保密知识技能，签订保密承诺书，严格遵守国家保密规定，承担保密责任。

涉密人员的合法权益受法律保护。对因保密原因合法权益受到影响和限制的涉密人员，按照国家有关规定给予相应待遇或者补偿。

● **行政法规及文件**

《保守国家秘密法实施条例》（2014年1月17日）

第30条 涉密人员的分类管理、任（聘）用审查、脱密期管理、权益保障等具体办法，由国家保密行政管理部门会同国务院有关主管部门制定。

第四十四条　涉密人员管理制度

机关、单位应当建立健全涉密人员管理制度，明确涉密人员的权利、岗位责任和要求，对涉密人员履行职责情况开展经常性的监督检查。

● **案例指引**

高校学生收集论文资料泄密（收集涉密文件资料泄密案件启示典型案例之一）

案例要旨：高校学生并非涉密人员管理的重点关注对象，但少部分学生尤其是研究生基于其专业领域和研究方向，可能会接触到少量国家秘密信息。这些学生因论文写作、课题研究的需要，往往会大量收集各类资料，而他们基本上都没有接受过系统的保密基础知识和技能培训，在一定程度上存在着管理真空。应当严格按照实际工作需求收集文件资料，具体到机关单位工作人员而言，就是必须基于岗位职责要求，和本人从事的具体工作内容相关。案件查处实践中发现，少数机关单位工作人员无差别、尽可能地网罗一切其可以接触到的文件资料，虽然其动机一般都是大量占有资料为今后工作、学习参考，但这种超范围收集资料的行为本身也有可能构成保密违规行为。

第四十五条　涉密人员出境管理

涉密人员出境应当经有关部门批准，有关机关认为涉密人员出境将对国家安全造成危害或者对国家利益造成重大损失的，不得批准出境。

第四十六条　涉密人员离岗要求

涉密人员离岗离职应当遵守国家保密规定。机关、单位应当开展保密教育提醒，清退国家秘密载体，实行脱密期管理。涉密人员在脱密期内，不得违反规定就业和出境，不得以任何方式泄露国家秘密；脱密期结束后，应当遵守国家保密规定，对知悉的国家秘密继续履行保密义务。涉密人员严重违反离岗离职及脱密期国家保密规定的，机关、单位应当及时报告同级保密行政管理部门，由保密行政管理部门会同有关部门依法采取处置措施。

● 案例指引

文件资料要及时移交清退销毁（收集涉密文件资料泄密案件启示典型案例之二）

案例要旨：很多机关单位工作人员因业务需要，有收集与其具体从事工作有关资料的习惯，少数人甚至把收集范围扩大到与己无关的业务。其中一些人在办理退休、调动、辞职、解聘、退役等离职手续时，往往只对有形的国家秘密载体和涉密信息设备进行清退，而将其收集的电子文件资料复制到个人的信息设备内，为日后的工作、学习作参考，造成很大的泄密隐患。

相关人员在发生岗位变动、部门调整、退休转业等离职离岗情形时，应当将其保管的文件资料全部移交或清退，并办理相关手续。收集的涉密文件资料使用完毕后，除按规定留存或存档外，应当及时送交销毁工作机构或承销单位销毁。鉴于收集工作客观上会产生较多的复印件和电子文件，在移交清退销毁时，需要注意仔细检查，防止遗漏。

第四十七条　泄密或可能泄密时的处理

国家工作人员或者其他公民发现国家秘密已经泄露或者可能泄露时，应当立即采取补救措施并及时报告有关机关、单位。机关、单位接到报告后，应当立即作出处理，并及时向保密行政管理部门报告。

● 行政法规及文件

《保守国家秘密法实施条例》（2014年1月17日）

第34条　机关、单位发现国家秘密已经泄露或者可能泄露的，应当立即采取补救措施，并在24小时内向同级保密行政管理部门和上级主管部门报告。

地方各级保密行政管理部门接到泄密报告的，应当在24小时内逐级报至国家保密行政管理部门。

第四章　监　督　管　理

第四十八条　保密规章及标准制定权

国家保密行政管理部门依照法律、行政法规的规定，制定保密规章和国家保密标准。

● 行政法规及文件

《保守国家秘密法实施条例》（2014年1月17日）

第31条　机关、单位应当向同级保密行政管理部门报送本机关、本单位年度保密工作情况。下级保密行政管理部门应当向上级保密行政管理部门报送本行政区域年度保密工作情况。

第四十九条　一般管理职权

保密行政管理部门依法组织开展保密宣传教育、保密检查、保密技术防护、保密违法案件调查处理工作，对保密工作进行指导和监督管理。

● 行政法规及文件

1. 《保守国家秘密法实施条例》（2014年1月17日）

第32条　保密行政管理部门依法对机关、单位执行保密法律法规的下列情况进行检查：

（一）保密工作责任制落实情况；
（二）保密制度建设情况；
（三）保密宣传教育培训情况；
（四）涉密人员管理情况；
（五）国家秘密确定、变更和解除情况；
（六）国家秘密载体管理情况；
（七）信息系统和信息设备保密管理情况；
（八）互联网使用保密管理情况；
（九）保密技术防护设施设备配备使用情况；
（十）涉密场所及保密要害部门、部位管理情况；
（十一）涉密会议、活动管理情况；
（十二）信息公开保密审查情况。

● 部门规章及文件

2. 《关于印发〈人民检察院、保密行政管理部门办理案件若干问题的规定〉的通知》（2020年3月12日）

各省、自治区、直辖市人民检察院、保密局，新疆生产建设兵团人民检察院、保密局，解放军军事检察院：

现将《人民检察院、保密行政管理部门办理案件若干问题的规定》印发给你们，请遵照执行。

最高人民检察院　国家保密局

2020年3月12日

人民检察院、保密行政管理部门
办理案件若干问题的规定

第1条　为保守国家秘密，维护国家安全和利益，加强人民检察院、保密行政管理部门办理案件的协调配合，根据《中华人民共和国刑法》、《中华人民共和国刑事诉讼法》、《中华人民共和国保守国家秘密法》等法律法规，制定本规定。

第2条　人民检察院、保密行政管理部门办理《中华人民共和国刑法》第一百零九条第二款、第一百一十条、第一百一十一条、第二百八十二条、第三百九十八条、第四百三十一条、第四百三十二条规定的侵犯国家秘密案件，适用本规定。

第3条　人民检察院办理侵犯国家秘密案件，认为需要追究刑事责任的，应当在作出起诉决定的同时，将案件基本情况通报同级保密行政管理部门；认为符合刑事诉讼法规定不起诉情形的，应当在作出不起诉决定的同时，将不起诉决定书抄送同级保密行政管理部门。

对涉及国家安全的重大案件，因高度敏感不宜按照常规方式通报的，可以采用适当方式处理。

最高人民检察院应当在每年1月31日前，将检察机关上一年度办理的侵犯国家秘密案件情况书面通报国家保密局。

第4条　人民检察院办理侵犯国家秘密案件，需要对有关事项是否属于国家秘密以及属于何种密级或者是否属于情报进行鉴定的，应当依据《密级鉴定工作规定》向国家保密行政管理部门或者省、自治区、直辖市保密行政管理部门提起。

第5条　保密行政管理部门对于疑难、复杂的侵犯国家秘密案件，可以商请同级人民检察院就专业性法律问题提出咨询或者参考意见。人民检察院应当予以支持。

人民检察院办理侵犯国家秘密案件，可以商请作出密级鉴定的保密行政管理部门就鉴定依据、危害评估等问题提出咨询或者参考意见。保密行政管理部门应当予以支持。

第6条　人民检察院办理侵犯国家秘密案件，可以依据《人民检察院检察建议工作规定》向相关主管部门或者涉案机关、单位等提出改进工作、完善治理的检察建议。

人民检察院向相关主管部门或者涉案机关、单位提出检察建议的，应当同时抄送同级保密行政管理部门。人民检察院、保密行政管理部门按照各自职责共同督促、指导被建议单位落实检察建议。

第7条　人民检察院与保密行政管理部门应当加强沟通协作，适时相互通报办理侵犯国家秘密案件的有关情况，会商案件办理中遇到的法律政策问题，研究阶段性工作重点和措施。

第8条　人民检察院与保密行政管理部门应当加强信息沟通和共享。双方分别确定具体牵头部门及联络人员，开展经常性的信息互通、多方位合作，依法加大对侵犯国家秘密案件的查处力度。

第9条　本规定由国家保密局会同最高人民检察院负责解释，自印发之日起施行。本规定施行后，《人民检察院、保密行政管理部门查办泄密案件若干问题的规定》（国保发〔2016〕42号）同时废止。

● 司法解释及文件

3.《关于印发〈人民法院、保密行政管理部门办理侵犯国家秘密案件若干问题的规定〉的通知》（2020年3月11日）

各省、自治区、直辖市高级人民法院，解放军军事法院，新疆维吾尔自治区高级人民法院生产建设兵团分院；各省、自治区、直辖市保密局，新疆生产建设兵团保密局：

现将《人民法院、保密行政管理部门办理侵犯国家秘密案件若干问题的规定》印发给你们，请遵照执行。

最高人民法院　国家保密局
2020年3月11日

人民法院、保密行政管理部门
办理侵犯国家秘密案件若干问题的规定

第1条　为保守国家秘密，维护国家安全和利益，加强人民法院、保密行政管理部门办理侵犯国家秘密案件的协调配合，根据《中华人民共和国刑法》、《中华人民共和国刑事诉讼法》、《中华人民共和国保守国家秘密法》等法律法规，制定本规定。

第2条　人民法院、保密行政管理部门办理《中华人民共和国刑法》第一百零九条第二款、第一百一十条、第一百一十一条、第二百八十二条、第三百九十八条、第四百三十一条、第四百三十二条规定的侵犯国家秘密案件，适用本规定。

第3条　人民法院审理侵犯国家秘密案件，需要对有关事项是否属于国家秘密以及属于何种密级或者是否属于情报进行鉴定的，应当由有关机关依据《密级鉴定工作规定》向国家保密行政管理部门或者省、自治区、直辖市保密行政管理部门提起。

第4条　保密行政管理部门对于疑难、复杂的侵犯国家秘密案件，可以商请同级人民法院就专业性法律问题提出咨询或者参考意见。人民法院应当予以支持。

人民法院审理侵犯国家秘密案件，可以商请作出密级鉴定的保密行政管理部门就鉴定依据、危害评估等问题提出咨询或者参考意见。保密行政管理部门应当予以支持。

第5条　最高人民法院应当在每年1月31日前，将人民法院上一年度审结生效的侵犯国家秘密案件情况书面通报国家保密局，并提供裁判文书。因特殊情况不能提供裁判文书的，应当在通报中作出说明。

人民法院审理本规定第二条规定以外的其他案件，发现有未处理涉嫌违反保密法律法规行为的，应当及时将有关情况通报同级或者有管辖权的保密行政管理部门。

第6条　人民法院与保密行政管理部门应当加强沟通协作，适时相互通报办理侵犯国家秘密案件有关情况，会商案件办理中遇到的法律政策问题，研究阶段性工作重点和措施。

第7条　人民法院与保密行政管理部门应当加强信息沟通和共享。双方分别确定具体牵头部门及联络人员，开展经常性的信息互通、多方位合作，依法加大对侵犯国家秘密案件的查处力度。

第8条　本规定由国家保密局会同最高人民法院负责解释，自印发之日起施行。

第五十条　对定密不正当的纠正

保密行政管理部门发现国家秘密确定、变更或者解除不当的，应当及时通知有关机关、单位予以纠正。

● 行政法规及文件

《保守国家秘密法实施条例》（2014年1月17日）

第18条　机关、单位发现本机关、本单位国家秘密的确定、变更和解除不当的，应当及时纠正；上级机关、单位发现下级机关、单位国家秘密的确定、变更和解除不当的，应当及时通知其纠正，也可以直接纠正。

第五十一条　保密检查权

保密行政管理部门依法对机关、单位遵守保密法律法规和相关制度的情况进行检查；涉嫌保密违法的，应当及时调查处理或者组织、督促有关机关、单位调查处理；涉嫌犯罪的，应当依法移送监察机关、司法机关处理。

> 对严重违反国家保密规定的涉密人员，保密行政管理部门应当建议有关机关、单位将其调离涉密岗位。
>
> 有关机关、单位和个人应当配合保密行政管理部门依法履行职责。

● **行政法规及文件**

1.《保守国家秘密法实施条例》（2014年1月17日）

第35条 保密行政管理部门对公民举报、机关和单位报告、保密检查发现、有关部门移送的涉嫌泄露国家秘密的线索和案件，应当依法及时调查或者组织、督促有关机关、单位调查处理。调查工作结束后，认为有违反保密法律法规的事实，需要追究责任的，保密行政管理部门可以向有关机关、单位提出处理建议。有关机关、单位应当及时将处理结果书面告知同级保密行政管理部门。

● **部门规章及文件**

2.《泄密案件查处办法》（2017年12月29日）

第一章　总　　则

第1条 为保守国家秘密，维护国家安全和利益，规范和加强保密行政管理部门泄密案件查处工作，根据《中华人民共和国保守国家秘密法》（以下简称保密法）及其实施条例等法律法规，制定本办法。

第2条 保密行政管理部门对公民举报、机关和单位报告、保密检查发现、有关部门移送的涉嫌泄露国家秘密的案件线索，依法调查或者组织、督促有关机关、单位调查处理，适用本办法。

第3条 查处泄密案件，应当坚持教育和惩处相结合，以事实为依据，以法律为准绳，做到事实清楚，证据确实、充分，定性准确，程序合法，处理适当。

第4条　本办法所称"泄露国家秘密"是指违反保密法律、法规和规章的下列行为之一：

（一）使国家秘密被不应知悉者知悉的；

（二）使国家秘密超出了限定的接触范围，而不能证明未被不应知悉者知悉的。

第5条　存在下列情形之一的，按泄露国家秘密处理：

（一）属于国家秘密的文件资料或者其他物品下落不明的，自发现之日起，绝密级10日内，机密级、秘密级60日内查无下落的；

（二）未采取符合国家保密规定或者标准的保密措施，在互联网及其他公共信息网络、有线和无线通信中传递国家秘密的；

（三）使用连接互联网或者其他公共信息网络的计算机、移动存储介质等信息设备存储、处理国家秘密，且该信息设备被远程控制的。

第6条　泄密案件查处工作主要包括：

（一）查明所泄露的国家秘密事项的内容与密级；

（二）查明案件事实、主要情节和有关责任人员；

（三）要求有关机关、单位采取必要的补救措施；

（四）根据有关法律、法规和规章等对责任人员提出处理建议，并督促机关、单位作出处理；

（五）针对案件暴露出的问题，督促机关、单位加强和改进保密工作。

第7条　泄密案件查处实行分级办理、各负其责的工作制度。国家保密行政管理部门主管全国的泄密案件查处工作。地方各级保密行政管理部门在上级保密行政管理部门指导下，负责本行政区域的泄密案件查处工作。

有关机关、单位在保密行政管理部门的组织、督促、指导下，对泄密案件进行查处，并采取相应整改补救措施。

第 8 条　上级保密行政管理部门对下级保密行政管理部门，地方保密行政管理部门对本行政区域内机关、单位泄密案件查处工作进行指导、监督。发现查处不当的，应当及时予以纠正。

第 9 条　办案人员与案件有利害关系或者其他关系可能影响案件公正处理的，应当自行回避；案件当事人有权要求其回避。

办案人员的回避，由其所属保密行政管理部门决定。保密行政管理部门负责人的回避，由上一级保密行政管理部门决定。

第 10 条　保密行政管理部门及其办案人员对案件查处工作中获取的国家秘密、工作秘密、商业秘密及个人隐私，应当保密。

第二章　管　　辖

第 11 条　泄密案件由泄密行为发生地县级以上保密行政管理部门管辖。由有关机关、单位所在地或者案件当事人居住地保密行政管理部门管辖更便于查处工作开展的，可以由有关机关、单位所在地或者案件当事人居住地保密行政管理部门管辖。

移交有关机关、单位所在地或者案件当事人居住地保密行政管理部门管辖的泄密案件，泄密行为发生地保密行政管理部门在移交前应当及时收集证据，并配合开展调查取证工作。

第 12 条　国家保密行政管理部门依法调查或者组织、督促查处下列泄密案件：

（一）中央和国家机关发生的；

（二）涉及多个省（自治区、直辖市）的；

（三）全国范围内重大、复杂案件。

第 13 条　省（自治区、直辖市）保密行政管理部门依法调查或者组织、督促查处下列泄密案件：

（一）省级机关及省（自治区、直辖市）直属机关发生的；

（二）涉及本行政区域内多个市（地、州、盟）或者部门的；

（三）中央和国家机关设在省（自治区、直辖市）的直属机构发生的；

（四）本辖区内重大、复杂案件。

第 14 条　中央和国家机关认为本系统发生泄密案件的有关单位情况特殊，不宜由地方保密行政管理部门查处的，可以向国家保密行政管理部门提交书面材料说明理由，由国家保密行政管理部门决定。

第 15 条　对于重大、复杂的泄密案件，上级保密行政管理部门可以指定管辖；具有管辖权的保密行政管理部门由于特殊原因不能调查或者组织、督促查处的，可以报请上一级保密行政管理部门指定管辖；同级保密行政管理部门之间因管辖权发生争议的，应当本着有利于开展查处工作的原则协商解决，必要时报请共同的上级保密行政管理部门指定管辖。

上级保密行政管理部门应当在接到指定管辖申请之日起 7 个工作日内，作出指定管辖决定，并书面通知被指定管辖的保密行政管理部门和其他有关保密行政管理部门。原受理案件的保密行政管理部门收到上级保密行政管理部门书面通知后，应当立即将案卷材料移送被指定管辖的保密行政管理部门，并书面通知有关机关、单位。

第 16 条　保密行政管理部门发现案件不属于本部门管辖的，应当自发现之日起 7 个工作日内移送具有管辖权的保密行政管理部门或者其他部门。

接受移送的保密行政管理部门对管辖权有异议的，应当报请上一级保密行政管理部门指定管辖，不得再自行移送。

第三章　证　据

第 17 条　可以用于证明案件事实的材料，都是证据。证据包括：

（一）物证；

（二）书证；

（三）证人证言；

（四）案件当事人陈述；

（五）视听资料、电子数据；

（六）保密检查、勘验笔录，技术核查报告；

（七）密级鉴定书。

第18条　保密行政管理部门在案件调查过程中，应当合法、及时、客观、全面地收集、调取证据材料，并予以审查、核实。

第19条　收集、调取的物证应当是原物。在原物不便搬运、不易保存，依法应当由有关机关、单位保管、处理或者依法应当返还时，可以拍摄或者制作足以反映原物外形或者内容的照片、录像。物证的照片、录像，经与原物核实无误或者经鉴定证明为真实的，可以作为证据使用。

第20条　收集、调取的书证应当是原件。在取得原件确有困难时，可以使用副本或者复制件。

书证的副本、复制件，经与原件核实无误的，可以作为证据使用。书证有更改或者更改迹象不能作出合理解释的，或者书证的副本、复制件不能反映书证原件及其内容的，不能作为证据使用。

第21条　办案人员应当收集电子数据的原始载体。收集原始载体确有困难时，可以拷贝复制或者进行镜像备份。

第22条　书证的副本、复制件，视听资料、电子数据的复制件，物证的照片、录像，应当附原件、原物存放处的文字说明。

第四章　受　　理

第23条　保密行政管理部门对公民举报、机关和单位报告、保密检查发现、有关部门移送的涉嫌泄露国家秘密的案件线索，应当依法及时受理。

第24条 保密行政管理部门受理涉嫌泄露国家秘密的案件线索举报，举报人不愿意公开个人或者单位信息的，应当在受理登记时注明，并为其保密。

保密行政管理部门应当对举报人提供的有关证据材料、物品等进行登记，出具接收清单，并妥善保管；必要时，可以拍照、录音或者录像。

第25条 保密行政管理部门受理涉嫌泄露国家秘密的案件线索，应当分别作出处理：

（一）已经或者可能泄露国家秘密的，应当进行初查；

（二）经核实，存在违反保密法律法规行为，但情节显著轻微，没有造成危害后果的，可以责成有关机关、单位对责任人员进行批评教育；

（三）没有泄密事实或者案件线索无法核实的，不予处理。

第26条 保密行政管理部门受理涉嫌泄露国家秘密的案件线索，发现需要采取补救措施的，应当立即责令有关机关、单位和人员停止违法行为，采取有效措施，防止泄密范围扩大。

第五章 初查与立案

第27条 保密行政管理部门在决定是否立案前，应当对涉嫌泄露国家秘密的案件线索进行初查，了解是否存在泄密事实。初查内容包括：

（一）案件线索涉及人员的主体身份及基本情况；

（二）案件线索所反映的问题是否属实，是否造成国家秘密泄露，是否达到刑事立案标准。

第28条 初查结束后，应当形成初查情况报告，内容包括案件线索情况、初查情况和处理建议。

第29条 保密行政管理部门应当根据初查情况分别作出处理：

（一）确有泄露国家秘密事实，且已经达到刑事立案标准的，应当移送有关部门查处；

（二）确有泄露国家秘密事实，尚未达到刑事立案标准，且具有管辖权的，应当予以立案，不具有管辖权的，应当移交具有管辖权的保密行政管理部门处理；

（三）确有泄露国家秘密事实，但案件线索内容不全或者有误，通知案件线索移送部门或者举报人、报告人补充，经补充案件线索内容仍不具备查处条件的，暂不予以立案，有关材料存档备查；

（四）未造成国家秘密泄露，但存在违反保密法律法规事实的，应当督促、指导有关机关、单位进行调查处理，必要时保密行政管理部门可以直接调查；

（五）未违反保密法律法规，但存在其他涉嫌违法或者违纪事实的，移交有关职能部门处理；

（六）案件线索反映的情况失实的，不予处理，必要时可以向有关机关、单位和案件当事人说明情况。

第30条 初查时限为2个月，必要时可以延长1个月。重大、复杂的案件线索，在延长期内仍不能初查完毕的，经保密行政管理部门负责人批准后可以延长。

初查时限自接到案件线索之日算起，至呈报初查情况报告之日止。

第31条 经初查应当予以立案的，办案人员应当填报立案表，并附案件线索材料、初查情况报告，报请保密行政管理部门负责人审批。

第32条 保密行政管理部门在立案后，应当制作立案通知书，通知有关机关、单位；通知立案可能影响案件查处工作的，可以直接通知其上级主管部门。

第六章 调查与处理

第33条 案件立案后，保密行政管理部门应当指派2名以上办案人员进行调查或者指导、督促有关机关、单位进行调查。

对于重大、复杂案件,保密行政管理部门可以组织相关部门成立专案组,开展案件调查。

第 34 条　案件调查内容包括:

(一) 案件当事人的基本情况;

(二) 案件当事人是否实施违反保密法律法规行为;

(三) 实施违反保密法律法规行为的时间、地点、手段、后果以及其他情节;

(四) 有无法定从重、从轻、减轻或者免予处理的情形;

(五) 与案件有关的其他事实。

第 35 条　保密行政管理部门直接调查、检查时,办案人员不得少于 2 人,并应当出示证件,表明身份。

第 36 条　机关、单位应当积极配合案件调查工作,提供相关证据。

机关、单位应当对案件当事人出国(境)进行审查,可能影响案件查处的,不得批准其出国(境)。

第 37 条　案件当事人应当自觉接受、配合调查,如实说明情况;不得与同案人或者知情人串通情况,不得对抗调查;不得将案件查处情况告知他人。

第 38 条　办案人员在案件调查过程中可以询问案件当事人、证人或者其他案件关系人,并制作询问笔录。询问应当个别进行。

第 39 条　询问内容应当包括:

(一) 被询问人的基本情况;

(二) 被询问人与案件当事人或者与案件的联系;

(三) 证明案件当事人是否负有责任以及责任轻重的事实;

(四) 所证明的事实发生的原因、时间、地点、手段、情节等;

（五）其他与案件有关的内容。

第40条　询问笔录应当采取问答式，如实对办案人员的提问和被询问人的回答进行记录。记录被询问人的陈述应当详细具体，忠于原意。对于被询问人声明记忆不清的情节，笔录中应当如实反映。

询问笔录应当交被询问人核对，对没有阅读能力的，应当向其宣读。记录有误或者遗漏的，应当允许被询问人更正或者补充。被询问人确认笔录无误后，应当在询问笔录上逐页签名。拒绝签名的，询问人员应当在询问笔录中注明。

询问时，可以全程录音、录像，并保持录音、录像资料的完整性。

第41条　案件当事人、证人或者其他案件关系人请求自行提供书面材料的，应当准许。必要时，办案人员也可以要求案件当事人、证人或者其他案件关系人自行书写。

案件当事人、证人或者其他案件关系人应当在其提供的书面材料结尾处签名。打印的书面材料应当逐页签名。办案人员收到书面材料后，应当在首页注明收到日期，并签名。

第42条　询问案件当事人时，办案人员应当听取案件当事人的陈述和申辩。对其陈述和申辩，应当进行核查。

第43条　办案人员在案件调查过程中可以查阅、复制与案件有关的文件资料、会议记录、工作笔记等材料，查阅、了解案件当事人的身份信息、现实表现情况等信息，有关机关、单位和个人应当予以配合。

第44条　办案人员在案件调查过程中可以对与泄密案件有关的场所、物品进行检查。检查时，被检查人或者见证人应当在场。

办案人员可以根据检查情况制作检查笔录。检查笔录由办案人员、被检查人或者见证人签名；被检查人或者见证人不在场、拒绝签名的，办案人员应当在检查笔录中注明。

第45条　在案件调查过程中对国家秘密载体或者相关设施、设备、文件资料等登记保存，依照《中华人民共和国行政强制法》相关规定进行。办案人员应当会同持有人或者见证人查点清楚，当场开列登记保存清单一式二份，写明登记保存对象的名称、规格、数量、特征、登记保存地点等，由办案人员和持有人或者见证人签名后，各执一份。

对于登记保存有关机关、单位的设施、设备，应当采取足以防止有关证据灭失或者转移的措施。

第46条　对涉及计算机、移动存储介质等信息设备的泄密案件，保密行政管理部门可以组织或者委托具有技术核查取证职能的部门或者单位进行技术核查取证。

第47条　案件调查过程中，需要对有关事项是否属于国家秘密以及属于何种密级进行鉴定的，应当及时提请具有密级鉴定权的保密行政管理部门鉴定。

第48条　案件调查过程中，保密行政管理部门发现有关机关、单位存在泄密隐患的，应当立即要求其采取措施，限期整改；对存在泄密隐患的设施、设备、场所，依法责令停止使用。

第49条　经调查，证据不足无法认定存在泄密事实的，经保密行政管理部门负责人批准，应当作出撤销案件的决定。撤销案件的决定应当及时书面通知有关机关、单位。

第50条　经调查，保密行政管理部门认为案件当事人实施的违反保密法律法规行为涉嫌构成犯罪的，应当连同案件材料及时移送有关部门查处。

第51条　调查结束后，保密行政管理部门认为存在泄密事实，需要追究责任的，应当向有关机关、单位提出人员处理建议。有关机关、单位应当及时将处理结果书面告知同级保密行政管理部门。

有关机关、单位对责任人员不依法给予处分的，保密行政管理部门应当依法建议纠正。对拒不纠正的，保密行政管理部门应当依法提请其上一级机关或者监察机关对该机关、单位负有责任的领导人员和直接责任人员依法予以处理。

第52条　保密行政管理部门应当针对案件暴露出的问题，督促有关机关、单位采取整改措施，加强和改进保密工作。

机关、单位应当在规定时限内将整改情况书面报送保密行政管理部门。保密行政管理部门可以对机关、单位的整改情况进行复查。

第七章　结　案

第53条　泄密案件调查终结应当具备下列条件：

（一）泄露国家秘密的事实已经调查清楚；

（二）已经采取必要的补救措施；

（三）已经对案件相关责任人员作出处理，或者移送有关部门查处；

（四）有关机关、单位已经采取整改措施。

第54条　办案人员在案件调查处理工作完成后，应当提交结案报告，经立案的保密行政管理部门负责人批准后结案。结案报告应当包括以下内容：

（一）泄密案件的发生、发现经过；

（二）案件涉及国家秘密的密级、数量、载体形式以及概要内容；

（三）泄密案件已经或者可能造成的危害；

（四）案件发生的主要原因；

（五）已经采取的补救措施；

（六）责任人员处理情况；

（七）有关机关、单位整改情况；

（八）其他需要说明的情况。

第 55 条　泄密案件查处时限为 3 个月，自立案之日起 3 个月未能查结的，经查处泄密案件的保密行政管理部门负责人批准可延长 1 个月。

在延长期内仍不能查结的，查处泄密案件的保密行政管理部门应当向上一级保密行政管理部门说明原因，逾期未说明原因或者理由不充分的，上一级保密行政管理部门应当予以检查、督促。

第八章　配合机制

第 56 条　省（自治区、直辖市）保密行政管理部门与中央和国家机关保密工作机构在泄密案件查处工作中应当相互配合。

设区的市、自治州一级及以下地方保密行政管理部门需要中央和国家机关保密工作机构配合工作的，应当报请所属省（自治区、直辖市）保密行政管理部门协调。

第 57 条　保密行政管理部门应当加强与同级纪检监察、网信、审判、检察、公安、国家安全等机关的协调配合，建立健全协调配合机制，共同做好泄密案件查处工作。

第 58 条　在泄密案件查处工作中需要军地双方配合的，军队相应保密工作部门和地方保密行政管理部门可以直接联系，相互之间应当支持配合。

第九章　法律责任

第 59 条　在泄密案件查处工作中，有关机关、单位及其工作人员拒不配合，弄虚作假，隐匿、销毁证据，以其他方式逃避、妨碍案件查处的，对直接负责的主管人员和其他直接责任人员依法给予处分。

企事业单位及其工作人员协助机关、单位逃避、妨碍案件查处的，由有关主管部门依法予以处罚。

第 60 条　保密行政管理部门办理泄密案件，未依法履行职责，或者滥用职权、玩忽职守、徇私舞弊的，对直接负责的主管人员和其他直接责任人员依法给予处分；构成犯罪的，依法追究刑事责任。

第十章 附 则

第61条 机关、单位工作人员实施保密法第四十八条规定的其他违法行为，保密行政管理部门可以参照本办法调查或者组织、督促机关、单位调查处理。

第62条 执行本办法所需要的文书式样，由国家保密行政管理部门统一制定。国家保密行政管理部门没有制定式样，执法工作中需要的其他文书，省（自治区、直辖市）保密行政管理部门可以自行制定式样。

第63条 本办法由国家保密局负责解释。

第64条 本办法自2018年1月1日起施行。国家保密局1992年11月20日印发的《泄密事件查处办法（试行）》同时废止。

第五十二条　收缴权等

> 保密行政管理部门在保密检查和案件调查处理中，可以依法查阅有关材料、询问人员、记录情况，先行登记保存有关设施、设备、文件资料等；必要时，可以进行保密技术检测。
>
> 保密行政管理部门对保密检查和案件调查处理中发现的非法获取、持有的国家秘密载体，应当予以收缴；发现存在泄露国家秘密隐患的，应当要求采取措施，限期整改；对存在泄露国家秘密隐患的设施、设备、场所，应当责令停止使用。

● 行政法规及文件

《保守国家秘密法实施条例》（2014年1月17日）

第33条　保密行政管理部门在保密检查过程中，发现有泄密隐患的，可以查阅有关材料、询问人员、记录情况；对有关设施、设备、文件资料等可以依法先行登记保存，必要时进行保密技术检测。有关机关、单位及其工作人员对保密检查应当予以配合。

保密行政管理部门实施检查后，应当出具检查意见，对需要整改的，应当明确整改内容和期限。

第36条 保密行政管理部门收缴非法获取、持有的国家秘密载体，应当进行登记并出具清单，查清密级、数量、来源、扩散范围等，并采取相应的保密措施。

保密行政管理部门可以提请公安、工商行政管理等有关部门协助收缴非法获取、持有的国家秘密载体，有关部门应当予以配合。

第38条 保密行政管理部门及其工作人员应当按照法定的职权和程序开展保密审查、保密检查和泄露国家秘密案件查处工作，做到科学、公正、严格、高效，不得利用职权谋取利益。

第40条 在保密检查或者泄露国家秘密案件查处中，有关机关、单位及其工作人员拒不配合，弄虚作假，隐匿、销毁证据，或者以其他方式逃避、妨碍保密检查或者泄露国家秘密案件查处的，对直接负责的主管人员和其他直接责任人员依法给予处分。

企业事业单位及其工作人员协助机关、单位逃避、妨碍保密检查或者泄露国家秘密案件查处的，由有关主管部门依法予以处罚。

第五十三条　密级鉴定权

办理涉嫌泄露国家秘密案件的机关，需要对有关事项是否属于国家秘密、属于何种密级进行鉴定的，由国家保密行政管理部门或者省、自治区、直辖市保密行政管理部门鉴定。

● 行政法规及文件

1. 《保守国家秘密法实施条例》（2014年1月17日）

第37条　国家保密行政管理部门或者省、自治区、直辖市保密行政管理部门应当依据保密法律法规和保密事项范围，对办理涉嫌泄露国家秘密案件的机关提出鉴定的事项是否属于国家秘密、属于何种密级作出鉴定。

保密行政管理部门受理鉴定申请后，应当自受理之日起30日内出具鉴定结论；不能按期出具鉴定结论的，经保密行政管理部门负责人批准，可以延长30日。

● 部门规章及文件

2. 《国家秘密鉴定工作规定》（2021年7月30日）

第一章　总　　则

第1条　为了规范国家秘密鉴定工作，根据《中华人民共和国保守国家秘密法》及其实施条例，制定本规定。

第2条　本规定所称国家秘密鉴定，是指保密行政管理部门对涉嫌泄露国家秘密案件中有关事项是否属于国家秘密以及属于何种密级进行鉴别和认定的活动。

第3条　国家秘密鉴定的申请、受理、办理、复核、监督等，适用本规定。

第4条　国家秘密鉴定应当遵循依法、客观、公正的原则，做到事实清楚、依据充分、程序规范、结论准确。

第5条　办理涉嫌泄露国家秘密案件的纪检监察、侦查、公诉、审判机关（以下统称办案机关）可以申请国家秘密鉴定。

国家保密行政管理部门、省（自治区、直辖市）保密行政管理部门负责国家秘密鉴定。

第6条　国家秘密鉴定应当以保密法律法规、保密事项范围和国家秘密确定、变更、解除文件为依据。

第7条　下列事项不得鉴定为国家秘密：
（一）需要公众广泛知晓或者参与的；
（二）属于工作秘密、商业秘密、个人隐私的；
（三）已经依法公开或者泄露前已经无法控制知悉范围的；
（四）法律、法规或者国家有关规定要求公开的；
（五）其他泄露后对国家安全和利益不会造成损害的。

第二章　申请和受理

第8条　中央一级办案机关申请国家秘密鉴定的，应当向国家保密行政管理部门提出。省级及以下办案机关申请国家秘密鉴定的，应当向所在地省（自治区、直辖市）保密行政管理部门提出。

国家保密行政管理部门可以根据工作需要，对省（自治区、直辖市）保密行政管理部门负责鉴定的重大、疑难、复杂事项直接进行鉴定。

第9条　办案机关申请国家秘密鉴定，应当提交下列材料：
（一）申请国家秘密鉴定的公文；
（二）需要进行国家秘密鉴定的事项（以下简称鉴定事项）及鉴定事项清单；
（三）进行国家秘密鉴定需要掌握的有关情况说明，包括案件基本情况、鉴定事项来源、泄露对象和时间、回避建议等。

第10条　申请国家秘密鉴定的公文应当以办案机关名义作出，说明认为相关事项涉嫌属于国家秘密的理由或者依据。

鉴定事项属于咨询意见、聊天记录、讯（询）问笔录、视听资料、电子数据、物品等的，办案机关应当进行筛查和梳理，明确其中涉嫌属于国家秘密、需要申请鉴定的具体内容。

鉴定事项不属于中文的，办案机关应当同时提供中文译本。保密行政管理部门就办案机关提供的中文译本进行鉴定。

第11条　国家秘密鉴定申请有下列情形之一的，保密行政管理部门不予受理：

（一）申请机关和申请方式不符合本规定第五条、第八条要求的；

（二）办案机关已就同一鉴定事项申请国家秘密鉴定的；

（三）鉴定事项内容明显属于捏造的，或者无法核实真伪、来源的；

（四）未按本规定第九条、第十条提供材料，或者修改、补充后仍不符合要求的；

（五）其他不符合法律、法规、规章规定的情形。

第12条　保密行政管理部门应当自收到申请国家秘密鉴定的公文之日起5日内，对相关材料进行审查，作出是否受理的决定，并告知办案机关。

经审查认为办案机关提交的材料存在瑕疵、不完整或者不能满足鉴定需要的，应当通知办案机关予以修改或者补充。审查受理时间自相关材料修改完成或者补齐之日起计算。

经审查决定不予受理的，应当说明理由并退还相关材料。

第13条　办案机关不服不予受理决定的，可以在接到通知之日起10日内，向作出不予受理决定的保密行政管理部门提出书面异议，并按照本规定第九条、第十条规定提供相关材料。

保密行政管理部门应当在10日内，对相关材料进行审查，对符合受理条件的，作出受理决定；对不应受理的，书面告知提出异议的机关并退还相关材料。

省级及以下办案机关提出异议后，对省（自治区、直辖市）保密行政管理部门再次作出的不予受理决定仍有异议的，可以向国家保密行政管理部门提出书面异议。国家保密行政管理部门经审查认为确实不应受理的，书面告知提出异议的机关并退还相关材料；对符合受理条件的，应当要求作出不予受理决定的保密行政管理部门受理鉴定申请。

第三章　鉴定程序

第 14 条　受理鉴定申请后，保密行政管理部门应当就下列情况向鉴定事项产生单位征求鉴定意见：

（一）鉴定事项是否由其产生，内容是否真实；

（二）鉴定事项是否已经按照法定程序确定、变更、解除国家秘密，及其时间、理由和依据；

（三）鉴定事项是否应当属于国家秘密及何种密级，是否应当变更或者解除国家秘密，及其理由和依据。

第 15 条　存在鉴定事项产生单位不明确，涉及多个机关、单位以及行业、领域，或者有关单位鉴定意见不明确、理由和依据不充分等情形的，保密行政管理部门可以向有关业务主管部门或者相关机关、单位征求鉴定意见。

鉴定事项属于执行、办理已经确定的国家秘密事项的，受理鉴定的保密行政管理部门可以根据工作需要，向原定密单位或者有关机关、单位征求鉴定意见。

第 16 条　保密行政管理部门受理鉴定后，对属于地方各级机关、单位产生的鉴定事项，可以征求鉴定事项产生地省（自治区、直辖市）保密行政管理部门鉴定意见。

省（自治区、直辖市）保密行政管理部门受理鉴定后，对属于中央和国家机关产生的鉴定事项，应当直接征求该中央和国家机关鉴定意见；对属于其他省（自治区、直辖市）单位产生的鉴定事项，应当征求相关省（自治区、直辖市）保密行政管理部门鉴定意见。

第 17 条　保密行政管理部门征求有关机关、单位鉴定意见的，机关、单位应当予以配合，按照要求出具鉴定意见或者提供相关材料。

第 18 条　鉴定事项重大、疑难、复杂或者专业性强、涉及专门技术等问题的，保密行政管理部门可以向相关领域专家进行咨询，为作出国家秘密鉴定结论提供参考。

第 19 条　对拟鉴定为国家秘密的事项，保密行政管理部门可以根据工作需要，组织有关机关、单位或者专家对其泄露后已经或者可能造成的危害进行评估。

第 20 条　国家秘密鉴定结论应当按照保密法律法规和保密事项范围等鉴定依据，在分析研判有关意见基础上，报保密行政管理部门负责人审批后作出。

第 21 条　省（自治区、直辖市）保密行政管理部门对中央和国家机关、其他省（自治区、直辖市）保密行政管理部门答复的鉴定意见有异议的，或者认为本地区产生的绝密级事项鉴定依据不明确、有争议的，报国家保密行政管理部门审核后，作出鉴定结论。

第 22 条　保密行政管理部门作出鉴定结论应当出具国家秘密鉴定书。国家秘密鉴定书应当包括以下内容：

（一）鉴定事项名称或者内容；

（二）鉴定依据和鉴定结论；

（三）其他需要说明的情况；

（四）鉴定机关名称和鉴定日期。

国家秘密鉴定书应当加盖保密行政管理部门印章。

第 23 条　保密行政管理部门应当在受理国家秘密鉴定申请后 30 日内作出鉴定结论并出具国家秘密鉴定书。因鉴定事项疑难、复杂等不能按期出具国家秘密鉴定书的，经保密行政管理部门负责人批准，可以适当延长工作时限，延长时限最长不超过 30 日。

保密行政管理部门征求有关机关、单位鉴定意见，进行专家咨询时，应当明确答复期限，一般不超过 15 日；对鉴定事项数量较多、疑难、复杂等情况的，经双方协商，可以延长 15 日。

机关、单位提出鉴定意见，专家咨询等时间不计入保密行政管理部门国家秘密鉴定办理期限。

第四章 复　　核

第 24 条　办案机关有明确理由或者证据证明保密行政管理部门作出的鉴定结论可能错误的，可以向国家保密行政管理部门申请复核。

第 25 条　办案机关申请复核的，应当提交申请复核的公文，说明申请复核的内容和理由，按照本规定第九条、第十条要求提供相关材料，并附需要进行复核的国家秘密鉴定书。

第 26 条　国家保密行政管理部门受理复核申请后，应当向作出鉴定结论的保密行政管理部门调阅鉴定档案、了解有关情况，对其鉴定程序是否规范、依据是否明确、理由是否充分、结论是否准确等进行审核，并根据需要征求有关机关、单位鉴定意见，进行专家咨询或者组织开展危害评估。

第 27 条　国家秘密鉴定复核结论应当按照保密法律法规和保密事项范围等鉴定依据，在分析研判原鉴定情况以及有关意见基础上，报国家保密行政管理部门主要负责人审批后作出。

国家保密行政管理部门的复核结论为最终结论。

第 28 条　国家保密行政管理部门作出复核结论应当出具国家秘密鉴定复核决定书。

国家秘密鉴定复核决定书维持原国家秘密鉴定结论的，应当说明依据或者理由；改变原国家秘密鉴定结论的，应当作出最终的鉴定结论并说明依据或者理由。

国家秘密鉴定复核决定书应当以国家保密行政管理部门名义作出，并加盖印章，抄送作出原国家秘密鉴定结论的省（自治区、直辖市）保密行政管理部门。

第 29 条　国家保密行政管理部门应当在受理国家秘密鉴定复核申请后 60 日内作出复核结论并出具复核决定书。因鉴定事项疑难、复杂等不能按期出具国家秘密鉴定复核决定书的，经国家保密行政管理部门主要负责人批准，可以适当延长工作时限，延长时限最长不超过 30 日。

征求机关、单位鉴定意见，专家咨询时限按照本规定第二十三条第二、三款办理。

第五章　监督管理

第 30 条　国家秘密鉴定工作人员与案件有利害关系或者其他关系可能影响公正鉴定的，应当自行回避；办案机关发现上述情形的，有权申请其回避。国家秘密鉴定工作人员的回避，由其所属保密行政管理部门决定。

机关、单位配合开展国家秘密鉴定工作的人员以及有关专家与案件有利害关系或者其他关系可能影响公正鉴定的，应当回避。

第 31 条　保密行政管理部门向机关、单位征求鉴定意见以及组织专家咨询时，应当对鉴定事项作以下处理：

（一）对涉及不同机关、单位或者行业、领域的内容进行拆分，不向机关、单位或者专家提供与其无关、不应由其知悉的内容；

（二）对涉嫌违法犯罪的责任单位或者责任人姓名等作遮盖、删除处理，不向机关、单位或者专家透露案情以及案件办理情况。

第 32 条　保密行政管理部门及其工作人员，配合开展国家秘密鉴定工作的机关、单位及其工作人员，以及有关专家，应当对国家秘密鉴定工作以及工作中知悉的国家秘密、工作秘密、商业秘密、个人隐私予以保密。

保密行政管理部门在征求鉴定意见、组织专家咨询等过程中，应当向有关机关、单位或者专家明确保密要求，必要时组织签订书面保密承诺。

第 33 条　国家秘密鉴定结论与机关、单位定密情况不一致的，保密行政管理部门应当通知机关、单位予以变更或者纠正；

对机关、单位未依法履行定密管理职责、情节严重的，予以通报。

第 34 条　省（自治区、直辖市）保密行政管理部门应当将年度国家秘密鉴定工作情况和作出的国家秘密鉴定结论报国家保密行政管理部门。

第 35 条　保密行政管理部门依法办理国家秘密鉴定，不受其他机关、单位，社会团体和个人干涉。

保密行政管理部门未依法履行职责，或者滥用职权、玩忽职守、徇私舞弊的，对负有责任的领导人员和直接责任人员依法进行处理；构成犯罪的，依法追究刑事责任。

第 36 条　在国家秘密鉴定工作中，负有配合鉴定义务的机关、单位及其工作人员拒不配合，弄虚作假，故意出具错误鉴定意见，造成严重后果的，对直接负责的主管人员和其他直接责任人员依法进行处理；构成犯罪的，依法追究刑事责任。

第六章　附　　则

第 37 条　保密行政管理部门办理涉嫌泄露国家秘密案件时，可以根据工作需要，按照本规定直接进行国家秘密鉴定。

鉴定事项产生单位属于军队或者鉴定事项涉嫌属于军事秘密的，由军队相关军级以上单位保密工作机构进行国家秘密鉴定或者协助提出鉴定意见。

第 38 条　执行本规定所需要的文书式样，由国家保密行政管理部门统一制定。工作中需要的其他文书，国家保密行政管理部门没有制定式样的，省（自治区、直辖市）保密行政管理部门可以自行制定式样。

第 39 条　本规定由国家保密局负责解释。

第 40 条　本规定自 2021 年 9 月 1 日起施行。2013 年 7 月 15 日国家保密局发布的《密级鉴定工作规定》（国保发〔2013〕5 号）同时废止。

| 第五十四条 | 处分建议权 |

机关、单位对违反国家保密规定的人员不依法给予处分的，保密行政管理部门应当建议纠正；对拒不纠正的，提请其上一级机关或者监察机关对该机关、单位负有责任的领导人员和直接责任人员依法予以处理。

● 行政法规及文件

《保守国家秘密法实施条例》（2014年1月17日）

第39条 机关、单位发生泄露国家秘密案件不按照规定报告或者未采取补救措施的，对直接负责的主管人员和其他直接责任人员依法给予处分。

| 第五十五条 | 风险评估、监测预警、应急处置制度 |

设区的市级以上保密行政管理部门建立保密风险评估机制、监测预警制度、应急处置制度，会同有关部门开展信息收集、分析、通报工作。

| 第五十六条 | 保密协会 |

保密协会等行业组织依照法律、行政法规的规定开展活动，推动行业自律，促进行业健康发展。

第五章　法　律　责　任

| 第五十七条 | 违反保密法承担法律责任的行为 |

违反本法规定，有下列情形之一，根据情节轻重，依法给予处分；有违法所得的，没收违法所得：

（一）非法获取、持有国家秘密载体的；

（二）买卖、转送或者私自销毁国家秘密载体的；

（三）通过普通邮政、快递等无保密措施的渠道传递国家秘密载体的；

（四）寄递、托运国家秘密载体出境，或者未经有关主管部门批准，携带、传递国家秘密载体出境的；

（五）非法复制、记录、存储国家秘密的；

（六）在私人交往和通信中涉及国家秘密的；

（七）未按照国家保密规定和标准采取有效保密措施，在互联网及其他公共信息网络或者有线和无线通信中传递国家秘密的；

（八）未按照国家保密规定和标准采取有效保密措施，将涉密信息系统、涉密信息设备接入互联网及其他公共信息网络的；

（九）未按照国家保密规定和标准采取有效保密措施，在涉密信息系统、涉密信息设备与互联网及其他公共信息网络之间进行信息交换的；

（十）使用非涉密信息系统、非涉密信息设备存储、处理国家秘密的；

（十一）擅自卸载、修改涉密信息系统的安全技术程序、管理程序的；

（十二）将未经安全技术处理的退出使用的涉密信息设备赠送、出售、丢弃或者改作其他用途的；

（十三）其他违反本法规定的情形。

有前款情形尚不构成犯罪，且不适用处分的人员，由保密行政管理部门督促其所在机关、单位予以处理。

● **法　律**

1. 《刑法》（2023年12月29日）

　　第282条　以窃取、刺探、收买方法，非法获取国家秘密的，处三年以下有期徒刑、拘役、管制或者剥夺政治权利；情节严重的，处三年以上七年以下有期徒刑。

　　非法持有属于国家绝密、机密的文件、资料或者其他物品，拒不说明来源与用途的，处三年以下有期徒刑、拘役或者管制。

　　第287条　利用计算机实施金融诈骗、盗窃、贪污、挪用公款、窃取国家秘密或者其他犯罪的，依照本法有关规定定罪处罚。

2. 《反间谍法》（2023年4月26日）

　　第38条　对违反本法规定，涉嫌犯罪，需要对有关事项是否属于国家秘密或者情报进行鉴定以及需要对危害后果进行评估的，由国家保密部门或者省、自治区、直辖市保密部门按照程序在一定期限内进行鉴定和组织评估。

　　第60条　违反本法规定，有下列行为之一，构成犯罪的，依法追究刑事责任；尚不构成犯罪的，由国家安全机关予以警告或者处十日以下行政拘留，可以并处三万元以下罚款：

　　（一）泄露有关反间谍工作的国家秘密；

　　（二）明知他人有间谍犯罪行为，在国家安全机关向其调查有关情况、收集有关证据时，拒绝提供；

　　（三）故意阻碍国家安全机关依法执行任务；

　　（四）隐藏、转移、变卖、损毁国家安全机关依法查封、扣押、冻结的财物；

　　（五）明知是间谍行为的涉案财物而窝藏、转移、收购、代为销售或者以其他方法掩饰、隐瞒；

　　（六）对依法支持、协助国家安全机关工作的个人和组织进行打击报复。

第61条 非法获取、持有属于国家秘密的文件、数据、资料、物品，以及非法生产、销售、持有、使用专用间谍器材，尚不构成犯罪的，由国家安全机关予以警告或者处十日以下行政拘留。

第63条 涉案财物符合下列情形之一的，应当依法予以追缴、没收，或者采取措施消除隐患：

（一）违法所得的财物及其孳息、收益，供实施间谍行为所用的本人财物；

（二）非法获取、持有的属于国家秘密的文件、数据、资料、物品；

（三）非法生产、销售、持有、使用的专用间谍器材。

3. 《测绘法》（2017年4月27日）

第65条 违反本法规定，地理信息生产、保管、利用单位未对属于国家秘密的地理信息的获取、持有、提供、利用情况进行登记、长期保存的，给予警告，责令改正，可以并处二十万元以下的罚款；泄露国家秘密的，责令停业整顿，并处降低测绘资质等级或者吊销测绘资质证书；构成犯罪的，依法追究刑事责任。

违反本法规定，获取、持有、提供、利用属于国家秘密的地理信息的，给予警告，责令停止违法行为，没收违法所得，可以并处违法所得二倍以下的罚款；对直接负责的主管人员和其他直接责任人员，依法给予处分；造成损失的，依法承担赔偿责任；构成犯罪的，依法追究刑事责任。

● 行政法规及文件

4. 《保守国家秘密法实施条例》（2014年1月17日）

第42条 涉密信息系统未按照规定进行检测评估和审查而投入使用的，由保密行政管理部门责令改正，并建议有关机关、单位对直接负责的主管人员和其他直接责任人员依法给予处分。

第五十八条　机关、单位重大泄密、定密不当等的法律责任

> 机关、单位违反本法规定，发生重大泄露国家秘密案件的，依法对直接负责的主管人员和其他直接责任人员给予处分。不适用处分的人员，由保密行政管理部门督促其主管部门予以处理。
>
> 机关、单位违反本法规定，对应当定密的事项不定密，对不应当定密的事项定密，或者未履行解密审核责任，造成严重后果的，依法对直接负责的主管人员和其他直接责任人员给予处分。

● 法　律

1. 《刑法》（2023 年 12 月 29 日）

第 398 条　国家机关工作人员违反保守国家秘密法的规定，故意或者过失泄露国家秘密，情节严重的，处三年以下有期徒刑或者拘役；情节特别严重的，处三年以上七年以下有期徒刑。

非国家机关工作人员犯前款罪的，依照前款的规定酌情处罚。

2. 《公职人员政务处分法》（2020 年 6 月 20 日）

第 39 条　有下列行为之一，造成不良后果或者影响的，予以警告、记过或者记大过；情节较重的，予以降级或者撤职；情节严重的，予以开除：

（一）滥用职权，危害国家利益、社会公共利益或者侵害公民、法人、其他组织合法权益的；

（二）不履行或者不正确履行职责，玩忽职守，贻误工作的；

（三）工作中有形式主义、官僚主义行为的；

（四）工作中有弄虚作假，误导、欺骗行为的；

（五）泄露国家秘密、工作秘密，或者泄露因履行职责掌握的商业秘密、个人隐私的。

3. 《国家情报法》（2018年4月27日）

第29条 泄露与国家情报工作有关的国家秘密的，由国家情报工作机构建议相关单位给予处分或者由国家安全机关、公安机关处警告或者十五日以下拘留；构成犯罪的，依法追究刑事责任。

第五十九条　网络运营者违反保密法的法律责任

网络运营者违反本法第三十四条规定的，由公安机关、国家安全机关、电信主管部门、保密行政管理部门按照各自职责分工依法予以处罚。

第六十条　企业事业单位违反国家保密规定的法律责任

取得保密资质的企业事业单位违反国家保密规定的，由保密行政管理部门责令限期整改，给予警告或者通报批评；有违法所得的，没收违法所得；情节严重的，暂停涉密业务、降低资质等级；情节特别严重的，吊销保密资质。

未取得保密资质的企业事业单位违法从事本法第四十一条第二款规定的涉密业务的，由保密行政管理部门责令停止涉密业务，给予警告或者通报批评；有违法所得的，没收违法所得。

● 行政法规及文件

《保守国家秘密法实施条例》（2014年1月17日）

第41条 经保密审查合格的企业事业单位违反保密管理规定的，由保密行政管理部门责令限期整改，逾期不改或者整改后仍不符合要求的，暂停涉密业务；情节严重的，停止涉密业务。

第六十一条　保密行政管理部门工作人员的法律责任

保密行政管理部门的工作人员在履行保密管理职责中滥用职权、玩忽职守、徇私舞弊的，依法给予处分。

● 法　律

1.《刑法》（2023年12月29日）

第109条　国家机关工作人员在履行公务期间，擅离岗位，叛逃境外或者在境外叛逃的，处五年以下有期徒刑、拘役、管制或者剥夺政治权利；情节严重的，处五年以上十年以下有期徒刑。

掌握国家秘密的国家工作人员叛逃境外或者在境外叛逃的，依照前款的规定从重处罚。[①]

2.《反间谍法》（2023年4月26日）

第69条　国家安全机关工作人员滥用职权、玩忽职守、徇私舞弊，或者有非法拘禁、刑讯逼供、暴力取证、违反规定泄露国家秘密、工作秘密、商业秘密和个人隐私、个人信息等行为，依法予以处分，构成犯罪的，依法追究刑事责任。

3.《反恐怖主义法》（2018年4月27日）

第94条　反恐怖主义工作领导机构、有关部门的工作人员在反恐怖主义工作中滥用职权、玩忽职守、徇私舞弊，或者有违反规定泄露国家秘密、商业秘密和个人隐私等行为，构成犯罪

[①] 根据2011年2月25日《中华人民共和国刑法修正案（八）》修改。原条文为："国家机关工作人员在履行公务期间，擅离岗位，叛逃境外或者在境外叛逃，危害中华人民共和国国家安全的，处五年以下有期徒刑、拘役、管制或者剥夺政治权利；情节严重的，处五年以上十年以下有期徒刑。

"掌握国家秘密的国家工作人员犯前款罪的，依照前款的规定从重处罚。"

的，依法追究刑事责任；尚不构成犯罪的，依法给予处分。

反恐怖主义工作领导机构、有关部门及其工作人员在反恐怖主义工作中滥用职权、玩忽职守、徇私舞弊或者有其他违法违纪行为的，任何单位和个人有权向有关部门检举、控告。有关部门接到检举、控告后，应当及时处理并回复检举、控告人。

4.《国家情报法》（2018年4月27日）

第31条 国家情报工作机构及其工作人员有超越职权、滥用职权，侵犯公民和组织的合法权益，利用职务便利为自己或者他人谋取私利，泄露国家秘密、商业秘密和个人信息等违法违纪行为的，依法给予处分；构成犯罪的，依法追究刑事责任。

● 行政法规及文件

5.《保守国家秘密法实施条例》（2014年1月17日）

第44条 保密行政管理部门未依法履行职责，或者滥用职权、玩忽职守、徇私舞弊的，对直接负责的主管人员和其他直接责任人员依法给予处分；构成犯罪的，依法追究刑事责任。

第六十二条　刑事责任

违反本法规定，构成犯罪的，依法追究刑事责任。

第六章　附　　则

第六十三条　对中央军事委员会的授权

中国人民解放军和中国人民武装警察部队开展保密工作的具体规定，由中央军事委员会根据本法制定。

第六十四条 适用工作秘密管理办法的情形

机关、单位对履行职能过程中产生或者获取的不属于国家秘密但泄露后会造成一定不利影响的事项,适用工作秘密管理办法采取必要的保护措施。工作秘密管理办法另行规定。

第六十五条 实施日期

本法自 2024 年 5 月 1 日起施行。

中华人民共和国档案法

（1987年9月5日第六届全国人民代表大会常务委员会第二十二次会议通过　根据1996年7月5日第八届全国人民代表大会常务委员会第二十次会议《关于修改〈中华人民共和国档案法〉的决定》第一次修正　根据2016年11月7日第十二届全国人民代表大会常务委员会第二十四次会议《关于修改〈中华人民共和国对外贸易法〉等十二部法律的决定》第二次修正　2020年6月20日第十三届全国人民代表大会常务委员会第十九次会议修订　2020年6月20日中华人民共和国主席令第47号公布　自2021年1月1日起施行）

目　录

第一章　总　则
第二章　档案机构及其职责
第三章　档案的管理
第四章　档案的利用和公布
第五章　档案信息化建设
第六章　监督检查
第七章　法律责任
第八章　附　则

第一章　总　则

第一条　立法目的

为了加强档案管理，规范档案收集、整理工作，有效保护和利用档案，提高档案信息化建设水平，推进国家治理体系和治理能力现代化，为中国特色社会主义事业服务，制定本法。

> **第二条** 适用范围
>
> 从事档案收集、整理、保护、利用及其监督管理活动，适用本法。
>
> 本法所称档案，是指过去和现在的机关、团体、企业事业单位和其他组织以及个人从事经济、政治、文化、社会、生态文明、军事、外事、科技等方面活动直接形成的对国家和社会具有保存价值的各种文字、图表、声像等不同形式的历史记录。

● 行政法规及文件

《档案法实施条例》（2024年1月12日）

第2条 《档案法》所称档案，其具体范围由国家档案主管部门或者国家档案主管部门会同国家有关部门确定。

反映地方文化习俗、民族风貌、历史人物、特色品牌等的档案，其具体范围可以由省、自治区、直辖市档案主管部门会同同级有关部门确定。

> **第三条** 党的领导
>
> 坚持中国共产党对档案工作的领导。各级人民政府应当加强档案工作，把档案事业纳入国民经济和社会发展规划，将档案事业发展经费列入政府预算，确保档案事业发展与国民经济和社会发展水平相适应。

● 行政法规及文件

《档案法实施条例》（2024年1月12日）

第3条 档案工作应当坚持和加强党的领导，全面贯彻党的路线方针政策和决策部署，健全党领导档案工作的体制机制，把党的领导贯彻到档案工作各方面和各环节。

第四条　工作原则

档案工作实行统一领导、分级管理的原则，维护档案完整与安全，便于社会各方面的利用。

● 行政法规及文件

《档案法实施条例》（2024年1月12日）

第5条　国家档案馆馆藏的永久保管档案分一、二、三级管理，分级的具体标准和管理办法由国家档案主管部门制定。

第五条　公民的权利义务

一切国家机关、武装力量、政党、团体、企业事业单位和公民都有保护档案的义务，享有依法利用档案的权利。

第六条　国家鼓励和支持

国家鼓励和支持档案科学研究和技术创新，促进科技成果在档案收集、整理、保护、利用等方面的转化和应用，推动档案科技进步。

国家采取措施，加强档案宣传教育，增强全社会档案意识。

国家鼓励和支持在档案领域开展国际交流与合作。

● 行政法规及文件

1.《档案法实施条例》（2024年1月12日）

第7条　县级以上人民政府及其有关部门，应当加强档案宣传教育工作，普及档案知识，传播档案文化，增强全社会档案意识。

第9条　国家鼓励和支持企业事业单位、社会组织和个人等社会力量通过依法兴办实体、资助项目、从事志愿服务以及开展科学研究、技术创新和科技成果推广等形式，参与和支持档案事业的发展。

档案行业组织依照法律、法规、规章及其章程的规定，加强行业自律，推动诚信建设，提供行业服务，开展学术交流和档案相关科普教育，参与政策咨询和标准制定等活动。

档案主管部门应当在职责范围内予以指导。

● 部门规章及文件

2.《国家档案局办公室印发〈关于进一步加强和改进档案统计工作的意见〉的通知》（2018年6月19日）

各省、自治区、直辖市档案局，各计划单列市档案局，新疆生产建设兵团档案局，中央和国家机关各部委档案部门，中央军委办公厅保密和档案局，各人民团体档案部门，各中央企业档案部门，中国人民大学档案学院：

《关于进一步加强和改进档案统计工作的意见》已经国家档案局局长办公会议研究通过，现印发给你们，请结合实际遵照执行。

国家档案局办公室
2018年6月19日

关于进一步加强和改进档案统计工作的意见

档案统计工作是我国政府统计工作的有机组成部分，是反映档案事业发展过程、发展现状和发展规律的一项重要工作，通过真实的档案统计数据和系统的统计分析，为档案事业的科学规划和健康发展提供服务。为了全面贯彻习近平新时代中国特色社会主义思想和党的十九大精神，落实中共中央办公厅、国务院办公厅《关于深化统计管理体制改革提高统计数据真实性的意见》，适应档案工作面临的新形势新任务，揭示档案事业发展的新特征新规律，满足社会各方面对档案统计数据日益增长的需求，必须不断加强和改进档案统计工作。

1991年国家统计局批准实施《全国档案事业统计年报制度》（简称《制度》）以来，在各级档案部门积极努力下，档案统计工作取得长足进步，档案统计数据质量不断提高，为丰富档案资源、开展档案利用服务、保护档案安全等方面提供了有力的信息支撑。但也存在依法执行统计制度的责任和措施不到位，统计调查方式不规范，调查人员专业技能不过硬，源头数据采集不完整，统计数据质量不够高，统计信息共享不到位等问题，需要进一步完善档案统计工作机制，优化档案统计调查体系和方式、提高统计数据准确性，防范和惩治统计造假、弄虚作假，扩大统计信息共享。

一、完善档案统计工作制度

（一）丰富调查内容。在发挥现行《制度》全面调查基础性作用的同时，按照国家统计局关于归口管理各部门零散统计调查项目的要求，按需增加专项统计调查内容，开展针对性更强的深层次调查。

（二）优化统计指标。档案统计指标的设置要立足新时代档案事业发展需要，项目明确，重点突出，形式规范，兼顾延续性，保持稳定性，把握规律性，富于创新性，不断提高科学性和实用性，确保档案统计数据的准确性和权威性。

（三）严格审查责任。保证档案统计数据的真实性，是每个填报单位的重要责任。档案统计人员要熟悉指标含义、口径和计算方法，按照业务流程采集数据，认真审核原始资料，减少数据偏差。单位负责人或档案统计工作分管领导要对拟报出的统计资料进行复审，在正式的数据报送单上签字并加盖单位公章。

（四）强化公布与共享。各级档案行政管理部门要依法对档案统计数据划分公布范围，除不宜公开的资料外，调查取得的统计数据原则上应按照《制度》的规定公布。建立信息共享机制，提高统计数据的综合效用，实现档案事业统计年报统计成果的共享最大化。

二、创新档案统计工作方式

（五）建设档案系统统计基本单位名录库。按照国家统计局《部门共享国家统计基本单位名录库信息管理暂行办法》的要求，切实提高档案统计数据质量，在确保衔接一致前提下，核实单位基础信息，建立统一完整、不重不漏、信息真实、更新及时的档案系统统计基本单位名录库，逐步形成稳定的调查对象。

（六）运用现代化统计技术。依托国家电子政务网和互联网，强化档案信息系统和数据库的安全基础设施建设，逐步实行联网直报，实现调查对象和调查人员通过网络直接报送原始数据、档案部门在线同步共享的工作模式。

三、防范和惩治统计造假、弄虚作假

（七）明确责任。各级档案行政管理部门要根据《统计法》《统计法实施条例》等法律法规和相关规定，建立防范和惩治统计造假、弄虚作假责任制，明确本单位防范和惩治统计造假、弄虚作假的责任主体和相关责任。各级档案行政管理部门主要负责人对本行政区域内档案统计组织工作负总责，各单位主要负责人对本单位档案统计填报工作负总责。各级档案行政管理部门要认真执行数据采集、审核、汇总、情况分析、报表报送以及档案统计资料归档等工作流程；各档案统计调查对象要依法依规履行档案统计报表填报义务，对其填报、审核、签署的档案统计资料的真实性、准确性、完整性和安全性负责。

（八）加强监管。各级档案行政管理部门要会同有关部门加强对档案统计工作的监督检查，及时发现、制止、处理档案统计违纪违法行为。对发生档案统计违法行为的单位，在依法查处和责令改正的同时，档案行政管理部门应视情予以通报。各级档案行政管理部门要加强对档案统计工作的考核监督，探索建立内部监督和外部监督相结合的监督体系。

四、加大保障力度

（九）加强组织领导。各级档案行政管理部门和有关单位要切实加强对档案统计工作的领导，明确承担或归口管理档案统计工作的部门，配备专、兼职档案统计人员，统筹安排，细化业务流程，确保档案统计工作有效开展。

（十）稳定档案统计人员队伍。加强对档案统计人员的职业道德教育和专业培训，建立档案统计人员定期培训制度，通过开展多种形式的业务学习和经验交流，全面提高档案统计人员的政治素质和业务素质。

（十一）强化任务落实。国家档案局研究建立分类别的档案统计数据评估机制，保障档案统计工作任务的完成，提高档案统计数据质量。把档案统计工作纳入本部门、本单位考核评价体系，对工作扎实、成效显著的单位、个人予以表扬激励，对工作开展不力的及时督促整改。

第七条　表彰和奖励

国家鼓励社会力量参与和支持档案事业的发展。

对在档案收集、整理、保护、利用等方面做出突出贡献的单位和个人，按照国家有关规定给予表彰、奖励。

● 行政法规及文件

《档案法实施条例》（2024年1月12日）

第9条　国家鼓励和支持企业事业单位、社会组织和个人等社会力量通过依法兴办实体、资助项目、从事志愿服务以及开展科学研究、技术创新和科技成果推广等形式，参与和支持档案事业的发展。

档案行业组织依照法律、法规、规章及其章程的规定，加强行业自律，推动诚信建设，提供行业服务，开展学术交流和档案相关科普教育，参与政策咨询和标准制定等活动。

档案主管部门应当在职责范围内予以指导。

第10条 有下列情形之一的，由县级以上人民政府、档案主管部门或者本单位按照国家有关规定给予表彰、奖励：

（一）对档案收集、整理、保护、利用做出显著成绩的；

（二）对档案科学研究、技术创新、宣传教育、交流合作做出显著成绩的；

（三）在重大活动、突发事件应对活动相关档案工作中表现突出的；

（四）将重要或者珍贵档案捐献给国家的；

（五）同违反档案法律、法规的行为作斗争，表现突出的；

（六）长期从事档案工作，表现突出的。

第二章 档案机构及其职责

第八条 主管部门

国家档案主管部门主管全国的档案工作，负责全国档案事业的统筹规划和组织协调，建立统一制度，实行监督和指导。

县级以上地方档案主管部门主管本行政区域内的档案工作，对本行政区域内机关、团体、企业事业单位和其他组织的档案工作实行监督和指导。

乡镇人民政府应当指定人员负责管理本机关的档案，并对所属单位、基层群众性自治组织等的档案工作实行监督和指导。

● 行政法规及文件

《档案法实施条例》（2024年1月12日）

第4条　县级以上人民政府应当加强档案工作，建立健全档案机构，提供档案长久安全保管场所和设施，并将档案事业发展经费列入本级预算。

机关、团体、企业事业单位和其他组织应当加强本单位档案工作，履行档案工作主体责任，保障档案工作依法开展。

第11条　国家档案主管部门依照《档案法》第八条第一款的规定，履行下列职责：

（一）根据有关法律、行政法规和国家有关方针政策，研究、制定部门规章、档案工作具体方针政策和标准；

（二）组织协调全国档案事业的发展，制定国家档案事业发展综合规划和专项计划，并组织实施；

（三）对有关法律、行政法规、部门规章和国家有关方针政策的实施情况进行监督检查，依法查处档案违法行为；

（四）对中央国家机关各部门、中央管理的群团组织、中央企业以及中央和国务院直属事业单位的档案工作，中央级国家档案馆的工作，以及省、自治区、直辖市档案主管部门的工作，实施监督、指导；

（五）组织、指导档案理论与科学技术研究、档案信息化建设、档案宣传教育、档案工作人员培训；

（六）组织、开展档案领域的国际交流与合作。

第12条　县级以上地方档案主管部门依照《档案法》第八条第二款的规定，履行下列职责：

（一）贯彻执行有关法律、法规、规章和国家有关方针政策；

（二）制定本行政区域档案事业发展规划和档案工作制度规范，并组织实施；

（三）监督、指导本行政区域档案工作，对有关法律、法规、规章和国家有关方针政策的实施情况进行监督检查，依法查处档案违法行为；

（四）组织、指导本行政区域档案理论与科学技术研究、档案信息化建设、档案宣传教育、档案工作人员培训。

第13条 乡镇人民政府依照《档案法》第八条第三款的规定，履行下列职责：

（一）贯彻执行有关法律、法规、规章和国家有关方针政策，建立健全档案工作制度规范；

（二）指定人员管理本机关档案，并按照规定向有关档案馆移交档案；

（三）监督、指导所属单位以及基层群众性自治组织等的档案工作。

第九条　档案机构

机关、团体、企业事业单位和其他组织应当确定档案机构或者档案工作人员负责管理本单位的档案，并对所属单位的档案工作实行监督和指导。

中央国家机关根据档案管理需要，在职责范围内指导本系统的档案业务工作。

● 行政法规及文件

《档案法实施条例》（2024年1月12日）

第4条 县级以上人民政府应当加强档案工作，建立健全档案机构，提供档案长久安全保管场所和设施，并将档案事业发展经费列入本级预算。

机关、团体、企业事业单位和其他组织应当加强本单位档案工作，履行档案工作主体责任，保障档案工作依法开展。

第14条 机关、团体、企业事业单位和其他组织应当确定档案机构或者档案工作人员，依照《档案法》第九条第一款的规定，履行下列职责：

（一）贯彻执行有关法律、法规、规章和国家有关方针政策，建立健全本单位档案工作制度规范；

（二）指导本单位相关材料的形成、积累、整理和归档，统一管理本单位的档案，并按照规定向有关档案馆移交档案；

（三）监督、指导所属单位的档案工作。

第十条 档案馆

中央和县级以上地方各级各类档案馆，是集中管理档案的文化事业机构，负责收集、整理、保管和提供利用各自分管范围内的档案。

● 行政法规及文件

《档案法实施条例》（2024年1月12日）

第15条 各级各类档案馆的设置和管理应当符合国家有关规定。

第16条 国家档案馆应当配备与其职责和规模相适应的专业人员，依照《档案法》第十条的规定，履行下列职责：

（一）收集本馆分管范围内的档案；

（二）按照规定整理、保管档案；

（三）依法向社会开放档案，并采取各种形式研究、开发档案资源，为各方面利用档案资源提供服务；

（四）开展宣传教育，发挥爱国主义教育和历史文化教育功能。

按照国家有关规定设置的其他各类档案馆，参照前款规定依法履行相应职责。

第十一条　加强人才培养和队伍建设

国家加强档案工作人才培养和队伍建设，提高档案工作人员业务素质。

档案工作人员应当忠于职守，遵纪守法，具备相应的专业知识与技能，其中档案专业人员可以按照国家有关规定评定专业技术职称。

● **行政法规及文件**

《档案法实施条例》（2024年1月12日）

第8条　国家加强档案相关专业人才培养，支持高等院校、职业学校设立档案学等相关专业。

第17条　档案主管部门、档案馆和机关、团体、企业事业单位以及其他组织应当为档案工作人员的教育培训、职称评审、岗位聘用等创造条件，不断提高档案工作人员的专业知识水平和业务能力。

第47条　县级以上档案主管部门应当加强档案行政执法队伍建设和对档案行政执法人员的教育培训。从事档案行政执法工作的人员，应当通过考试，取得行政执法证件。

第三章　档案的管理

第十二条　工作责任制

按照国家规定应当形成档案的机关、团体、企业事业单位和其他组织，应当建立档案工作责任制，依法健全档案管理制度。

● 行政法规及文件

《档案法实施条例》（2024年1月12日）

第6条 中央国家机关经国家档案主管部门同意，省、自治区、直辖市有关国家机关经本级档案主管部门同意，可以制定本系统专业档案的具体管理制度和办法。

第18条 按照国家规定应当形成档案的机关、团体、企业事业单位和其他组织，应当建立档案工作责任制，确定档案工作组织结构、职责分工，落实档案工作领导责任、管理责任、执行责任，健全单位主要负责人承担档案完整与安全第一责任人职责相关制度，明确档案管理、档案基础设施建设、档案信息化等工作要求。

第22条 档案馆应当对所保管的档案采取下列管理措施：

（一）建立健全科学的管理制度和查阅利用规范，制定有针对性的安全风险管控措施和应急预案；

（二）配置适宜安全保存档案、符合国家有关规定的专门库房，配备防火、防盗、防水、防光、防尘、防有害气体、防有害生物以及温湿度调控等必要的设施设备；

（三）根据档案的不同等级，采取有效措施，加以保护和管理；

（四）根据需要和可能，配备适应档案现代化管理需要的设施设备；

（五）编制档案目录等便于档案查找和利用的检索工具。

机关、团体、企业事业单位和其他组织的档案保管，参照前款规定办理。

第十三条　归档范围

直接形成的对国家和社会具有保存价值的下列材料，应当纳入归档范围：

（一）反映机关、团体组织沿革和主要职能活动的；

（二）反映国有企业事业单位主要研发、建设、生产、经营和服务活动，以及维护国有企业事业单位权益和职工权益的；

（三）反映基层群众性自治组织城乡社区治理、服务活动的；

（四）反映历史上各时期国家治理活动、经济科技发展、社会历史面貌、文化习俗、生态环境的；

（五）法律、行政法规规定应当归档的。

非国有企业、社会服务机构等单位依照前款第二项所列范围保存本单位相关材料。

● 行政法规及文件

《档案法实施条例》（2024年1月12日）

第19条 依照《档案法》第十三条以及国家有关规定应当归档的材料，由机关、团体、企业事业单位和其他组织的各内设机构收集齐全，规范整理，定期交本单位档案机构或者档案工作人员集中管理，任何内设机构和个人不得拒绝归档或者据为己有。

机关、群团组织、国有企业事业单位应当明确本单位的归档范围和档案保管期限，经同级档案主管部门审核同意后施行。单位内设机构或者工作职能发生重大变化时，应当及时调整归档范围和档案保管期限，经重新审核同意后施行。

机关、群团组织、国有企业事业单位负责所属单位的归档范围和档案保管期限的审核。

第十四条　集中管理

应当归档的材料，按照国家有关规定定期向本单位档案机构或者档案工作人员移交，集中管理，任何个人不得拒绝归档或者据为己有。

国家规定不得归档的材料，禁止擅自归档。

第十五条　移交档案

机关、团体、企业事业单位和其他组织应当按照国家有关规定，定期向档案馆移交档案，档案馆不得拒绝接收。

经档案馆同意，提前将档案交档案馆保管的，在国家规定的移交期限届满前，该档案所涉及政府信息公开事项仍由原制作或者保存政府信息的单位办理。移交期限届满的，涉及政府信息公开事项的档案按照档案利用规定办理。

● **行政法规及文件**

《档案法实施条例》（2024 年 1 月 12 日）

第 20 条　机关、团体、企业事业单位和其他组织，应当按照国家档案主管部门关于档案移交的规定，定期向有关的国家档案馆移交档案。

属于中央级和省级、设区的市级国家档案馆接收范围的档案，移交单位应当自档案形成之日起满二十年即向有关的国家档案馆移交。属于县级国家档案馆接收范围的档案，移交单位应当自档案形成之日起满十年即向有关的县级国家档案馆移交。

经同级档案主管部门检查和同意，专业性较强或者需要保密的档案，可以延长向有关的国家档案馆移交的期限。已撤销单位的档案可以提前向有关的国家档案馆移交。

由于单位保管条件不符合要求或者存在其他原因可能导致不安全或者严重损毁的档案，经协商可以提前交有关档案馆保管。

第十六条　机构变动

机关、团体、企业事业单位和其他组织发生机构变动或者撤销、合并等情形时，应当按照规定向有关单位或者档案馆移交档案。

第十七条　其他收集档案方式

档案馆除按照国家有关规定接收移交的档案外，还可以通过接受捐献、购买、代存等方式收集档案。

● 行政法规及文件

《档案法实施条例》（2024年1月12日）

第21条　档案馆可以按照国家有关规定，通过接受捐献、购买、代存、交换等方式收集档案。

档案馆通过前款规定方式收集档案时，应当考虑档案的珍稀程度、内容的重要性等，并以书面协议形式约定相关方的权利和义务，明确相关档案利用条件。

国家鼓励单位和个人将属于其所有的对国家和社会具有重要保存价值的档案捐献给国家档案馆。国家档案馆应当维护捐献者的合法权益。

第十八条　博物馆等单位自行管理档案

博物馆、图书馆、纪念馆等单位保存的文物、文献信息同时是档案的，依照有关法律、行政法规的规定，可以由上述单位自行管理。

档案馆与前款所列单位应当在档案的利用方面互相协作，可以相互交换重复件、复制件或者目录，联合举办展览，共同研究、编辑出版有关史料。

第十九条　建立科学管理制度

> 档案馆以及机关、团体、企业事业单位和其他组织的档案机构应当建立科学的管理制度，便于对档案的利用；按照国家有关规定配置适宜档案保存的库房和必要的设施、设备，确保档案的安全；采用先进技术，实现档案管理的现代化。
>
> 档案馆和机关、团体、企业事业单位以及其他组织应当建立健全档案安全工作机制，加强档案安全风险管理，提高档案安全应急处置能力。

● 行政法规及文件

1. 《档案法实施条例》（2024年1月12日）

第23条　县级以上人民政府应当采取措施，保障国家档案馆依法接收档案所需的库房及设施设备。

任何单位和个人不得侵占、挪用国家档案馆的馆舍，不得擅自改变国家档案馆馆舍的功能和用途。

国家档案馆馆舍的建设，应当符合实用、安全、科学、美观、环保、节约的要求和国家有关工程建设标准，并配置无障碍设施设备。

● 部门规章及文件

2. 《国家档案局印发〈关于进一步加强档案安全工作的意见〉的通知》（2016年4月26日）

各省、自治区、直辖市档案局、馆，各计划单列市档案局、馆，新疆生产建设兵团档案局、馆，中央和国家机关各部委档案部门，中央军委办公厅保密和档案局、解放军档案馆、武警部队参谋部办公室，各人民团体档案部门，各中央企业档案部门，中国照片档案馆，中国人民大学档案学院：

现将《关于进一步加强档案安全工作的意见》印发给你们，

请结合本地区、本部门工作实际，认真贯彻执行。

国家档案局
2016 年 4 月 26 日

关于进一步加强档案安全工作的意见

档案作为党和国家各项工作和人民群众各方面情况的真实记录，是促进我国各项事业科学发展、维护党和国家及人民群众根本利益的重要依据。档案安全工作是档案工作的底线，直接关系到档案工作的可持续发展和档案作用的有效发挥。近年来，在各部门各单位的重视支持下，档案安全工作取得明显成效。但是，由于一些部门和单位档案安全意识不强，主体责任不落实，监管责任不到位，档案安全事故时有发生。尤其是在信息化环境下，档案信息损毁、失泄密风险日益突出，档案安全处在事故"易发期""多发期"，档案安全形势依然严峻。为全面贯彻习近平总书记、李克强总理关于加强安全生产工作的重要指示批示精神，深入推进档案安全体系建设，现就进一步加强档案安全工作提出如下意见。

一、总体要求

（一）充分认识档案安全工作的重要性。做好档案安全工作是推动档案事业科学发展的前提，是健全档案工作"三个体系"，构建国家基础性战略资源的重要保证。各部门各单位要充分认识加强档案安全工作的重要性和紧迫性，不断增强忧患意识和戒惧之心，增强责任感和使命感，从推动各项事业科学发展，维护党和国家及人民群众根本利益的高度，把档案安全工作抓实抓紧抓好。

（二）指导思想。全面贯彻落实党的十八大和十八届三中、四中、五中全会精神，深入学习贯彻习近平总书记系列重要讲话精神，不断增强政治意识、大局意识、核心意识、看齐意识，按照党中央、国务院决策部署，坚持创新、协调、绿色、开放、共享发展理念，坚持"安全第一、预防为主"的档案安全工作方针，以高度的政治责任感和使命感，继续强化对档案安全工作的领导，进一步明确档案安全责任，积极开展档案安全风险防控和治理，不断完善档案安全保障，建立健全人防、物防、技防三位一体的档案安全工作新格局。

（三）目标任务。到2017年，全面建成"党委政府领导、档案部门依法监管、各部门各单位全面负责"的档案安全工作机制，各部门各单位建立起档案安全责任清晰明确、档案安全风险治理切实有效、档案安全预防控制完备可靠、档案安全保障健全有力的档案安全体系，有效防范各种档案安全风险。

二、明确责任

（四）完善档案安全工作领导机制。积极争取党委政府支持，加强对档案安全工作的领导，切实把档案安全工作作为档案工作的重点列入党委和政府工作的议事日程，研究部署重要工作、重点项目时要强调和安排档案安全工作，检查工作任务完成情况时要检查档案安全措施落实情况。要定期研究档案安全工作，保障相关经费落实，解决影响档案安全工作的重大问题。

（五）加强档案安全工作监督管理。档案行政管理部门要按照统一领导、分级负责的原则，采取有效措施，严格实施对档案安全工作的监督管理。各级档案行政管理部门要把本行政区域内档案安全工作作为监管重点，加大监督检查力度，审定应急预案，认真做好档案安全事故的调查处理工作，监督事故查处和责任追究落实。中央和地方专业主管机关的档案部门，负责对本系统和直属单位档案安全工作进行指导监督和检查。各部门各单位档案部门要加强对本部门本单位档案安全工作的指导和监督，并积极配合档案行政管理部门和专业主管机关开展的监督管理工作。

（六）落实档案安全主体责任。各部门各单位要按照"谁主管、谁负责，谁实施、谁担责"的原则，切实承担档案安全职责。各级各类档案馆主要负责人、档案室或其他类型档案机构所在单位分管档案工作负责人是第一责任人，对档案安全工作负全面责任；档案馆、档案室或其他类型档案机构的档案业务人员为直接责任人，对档案安全工作负直接责任。各部门各单位要以建立健全档案安全责任、风险治理、防控和保障工作机制为目标，进一步完善各项档案安全规章制度，设置档案安全和应急管理机构，配备足够的专兼职管理人员，并按照权责一致的原则，建立健全以第一责任人为核心的档案安全管控体系，形成档案安全责任共同体。

三、风险治理

（七）法律政策执行风险治理。各部门各单位档案工作要紧密结合党和国家的方针政策展开，要积极维护《中华人民共和国档案法》（以下简称《档案法》）和中办、国办《关于加强和改进新形势下档案工作的意见》等档案法律、政策的权威并贯彻落实到位。要坚持现行档案法律、政策确定的"统一领导、分级管理"的档案管理体制。各部门各单位新成立档案馆的，要严格遵循《全国档案馆设置原则和布局方案》要求并经档案行政管理部门统筹规划，实现合理布局。要采取措施维护现行档案工作机制，不得弱化档案机构、减少档案人员或将档案工作职能分流到其他部门或单位，机关单位要不断强化"办公厅（室）领导、档案部门负责、文书或业务部门整理归档"的档案工作机制。

（八）制度安全风险治理。各级档案行政管理部门要不断完善和细化涵盖各个重点领域、各种形式载体、各个管理流程的档案标准规范和技术要求，做到标准统一、要求明确、制度之间协调一致。各级各类档案馆要按照权限重点修订和完善档案收集、保管、开放、利用等基本制度，并根据实践要求和形势发展需要，不断查漏补缺，彻底消除制度缺陷。各部门各单位要根据情况不断修订完善本系统、本单位的档案管理办法，建立健全文件、记录和数据的接收、整理、归档和档案保管、利用、移交、解密、鉴定销毁等制度，形成完善的档案制度管理体系，避免因为制度缺陷影响档案安全。

（九）资源安全风险治理。档案资源安全风险治理要抓住收集归档和移交接收这两大关键点，按照有关法规要求做到收集归档时"应收尽收""应归尽归"，移交接收时"应交尽交""应接尽接"，从源头上保障档案资源安全。

各部门各单位要深入贯彻落实国家档案局令第 8 号、第 10 号，严格按照档案行政管理部门批准的归档范围与保管期限表进行文件材料的收集归档和划定档案保管期限，确保收集齐全完整、鉴定科学准确。要将新型载体和门类档案纳入本单位档案资源建设范畴，强化和提升音像档案、电子档案、实物档案和专业档案管理水平，避免档案资源流失。

各部门各单位要严格执行国家档案局令第 9 号，做好档案的移交和接收工作。负有档案移交责任的部门和单位不得擅自缩小移交范围，拒绝移交应进馆的音像档案、电子档案、实物档案和专业档案；不得通过降低档案保管期限或者鉴定时不按要求将部分定期档案上升为永久档案等方式规避移交责任；单位撤销、合并、分立或改制的，要严格相关规定进行档案移交。各级各类档案馆要不断优化档案接收范围，并严格按照接收范围进行档案接收，避免出现"高价值资源进不来、低价值资源挡不住"，造成档案资源的安全风险。

（十）档案实体管理风险治理。要切实改善档案保管条件，继续推进中西部县级档案馆建设，加大监管审查力度，避免因规划、设计不合理给档案安全造成影响；要充分重视机关单位和地（市）级档案馆、东部地区县级档案馆的库房建设，重点解决选址条件差、库房容量小等问题。各部门各单位要严格按照《档案馆建设标准》《档案馆建筑设计规范》加快改造或新建、扩建档案库房，进一步提高档案库房的安全防灾标准，采用先进的安全技术、设备和材料，改善档案保管条件，确保档案安全。档案库房要配备齐全防火、防盗、防潮、防水、防日光及紫外线、防尘、防污染、防有害生物等设施设备，安装监控和门禁设施，并保障各种设施设备完好及正常运行，避免出现设施设备配备不全，或者设施设备不运行或者间断运行的情况，影响档案安全。

各部门各单位对档案库房要进行精细化管理，严格把控库房安全。要重视档案库房检查工作并做好记录，档案库房的日查由库房管理人员进行，定期巡查由相关责任人员进行，档案安全工作第一责任人要保证每年对库房进行2次以上安全专项巡查。节假日期间库房无人值守的，应对库房进行封闭处理，库房封库、启库时要登记时间、责任人等。各级各类档案馆库房管理要推行"双人进库制"，进出库房时间、事由应实时详实登记。

各部门各单位要严格程序，在档案利用、数字化、移交和接收等过程中认真执行交接制度，履行交接手续，确保档案流转过程中的档案安全。各部门各单位要采取新措施、运用新技术，在档案利用等过程中尽量减少档案原件出库。档案原件确需出库的，应详细登记档案卷件数量、卷件号、事由、时间、利用人、责任人等情况，并在档案出库、入库时予以清点确认。

（十一）档案信息管理风险治理。各部门各单位要在环境及设备安全、网络安全、系统安全、数据安全和数据载体安全等方面制定完善信息安全策略并贯彻执行，保障档案信息数据真实、完整、可用和安全。要推进数字档案馆、数字档案室建设，按照国家标准和相关规定配置信息环境及设备，基础设施和信息安全设施应能保障电子档案管理系统的正常运行和内容管理、传输需要；要按照《档案信息系统安全保护基本要求》等规范建立健全档案信息管理系统安全保护体系，保存数字档案资源的信息系统与其他信息系统物理隔离；要制定数据备份和迁移策略并认真实施，要对重要的数字档案资源实行异地异质备份，并及时进行检查、迁移，确保数据长期安全保存；要针对不同的数据载体制定相应的保管方案，保证数据载体的可用和安全。

各部门各单位要按照《档案数字化外包安全管理规范》等要求对数字化服务机构、数字化场所、数字化加工设备等进行安全管理，避免数据在档案数字化及后期管理过程中失泄密或者不当扩散。要加强档案网站安全管理，定期对网站进行扫描监测，发现漏洞及时修正，发生篡改、入侵等事件及时断网修复。

（十二）档案保密、开放与利用风险治理。各部门各单位要加强对涉密信息系统、涉密计算机和涉密载体的保密管理，按照涉及国家秘密的信息系统分级保护要求，严防档案在传输过程中失泄密。要按照相关规范要求对涉密档案、重要档案的存储介质进行检验和认证。要严格执行档案保密管理制度，对上网档案信息进行严格审查，严防把涉密档案信息传输到非涉密网络上。

各级各类档案馆要严格按照《中华人民共和国保守国家秘密法实施条例》和《各级国家档案馆馆藏档案解密和划分控制使用范围的暂行规定》《各级国家档案馆开放档案办法》等开展馆藏档案解密、划控和开放。解密、划控和开放应严格审核程序，档案馆档案安全工作第一责任人应最后审核把关，必要时还须报上级及有关部门予以审定。

各部门各单位要严格执行档案利用制度，在法律法规许可的范围内，按照权限和要求提供档案利用，避免超权限、超范围利用档案。

四、预防控制

（十三）加大安全检查力度。档案行政管理部门要会同有关部门，采取有效方式对各部门各单位档案安全进行检查，发现隐患要及时下达整改通知并督促整改。各部门各单位要坚持开展档案安全自查，检查各项规章制度是否得到严格执行，检查各个工作环节、部位是否存在安全漏洞和隐患，检查各种安全设施是否齐全有效等，及时发现和排除安全隐患，堵塞安全漏洞，严防档案安全事故发生。

（十四）提高应急处置能力。各部门各单位要按照《档案工作突发事件应急处置管理办法》和《档案馆防治灾害工作指南》等要求建立洪涝、台风、滑坡、地震等自然灾害及其他突发事件的防范和应急处置机制，制定档案安全应急管理制度和应急预案，把档案馆（室）列入重点保护范围，确保档案安全受到威胁时得到优先抢救和妥善处置。要设立档案安全应急处置协调小组，保证突发事件应急处置工作的有效进行，最大限度地预防和减少突发事件对档案造成的危害。要按照应急预案要求，经常开展演练，提高应急处置执行能力。

（十五）严肃事故责任追究。要建立健全档案安全事故问责机制，加强对事故隐患的事前问责和事故发生之后的责任追究。因工作失职、渎职或未按规定程序履行职责，导致安全管理体系不健全，安全防范措施不完善，工作推进不得力，安全隐患得不到治理的，要依法追究相关领导的责任。发生档案安全事故的，要按照《档案法》及实施办法、《档案管理违法违纪行为处分规定》等对档案管理违法违纪行为予以查处，严肃追究直接责任人和第一责任人责任。

（十六）完善激励约束机制。要坚持失职追责，同时激发和保护各部门各单位档案安全工作的积极性。要将档案安全工作纳入年度考核机制，对档案安全目标管理先进的部门、单位要定期予以表彰，对在档案安全工作方面表现突出的个人，要充分予以肯定并表彰。要加强对档案中介服务机构监管，建立档案外包"黑名单"制度，对于造成或发生档案安全事故的，要依法追究其法律责任，并建议相关部门予以严肃处理。

五、完善保障

（十七）加大档案安全工作投入。各部门各单位要保证开展档案安全工作所需经费，确保档案安全工作正常开展。要加大投入，解决好档案馆库建设、档案安全设施设备的配备与运行、档案信息系统建设与运维、档案安全风险评估等资金需求，为档案安全工作提供有力的支持和保障。

（十八）推进档案安全人才队伍建设。要经常开展形式多样、内容丰富的主题教育和培训活动，通过法规学习、模拟演练等形式，切实提高相关人员档案安全技能和水平，提升事故防范和处理能力。积极推进档案安全专家队伍建设，培养造就一批档案安全责任意识强、技术水平高、业务素质好的档案干部，为档案安全工作提供人才支持。

（十九）强化档案安全技术支撑。要充分发挥档案研究机构、高等院校、社会团体的技术优势和资源，对防灾减灾、档案信息安全保障、档案抢救修复技术方法、电子档案可信管理和长久保存方法等关系档案安全的关键理论和技术方法积极开展研究攻关，不断提高档案安全的理论和技术保障能力。要密切跟踪"互联网+"、物联网、云计算、大数据等新技术、新知识、新要求，不断提高档案安全技术水平。

（二十）推进档案安全文化建设。各部门各单位要积极开展档案安全文化建设，将安全思想贯穿于日常各项工作和各个环节中，引导相关人员将档案安全内化于心、固化于制、外化于行，把档案安全作为规范自觉的安全行为。要加大对档案安全的宣传教育力度，运用广播、电视、报刊、互联网等多种形式普及档案安全知识，提高档案安全意识，引导公民正确认识和理解档案安全工作的重要作用和长远意义，激发社会开展档案安全工作的热情，营造良好的宣传舆论氛围。

第二十条　涉及国家秘密的档案

> 涉及国家秘密的档案的管理和利用，密级的变更和解密，应当依照有关保守国家秘密的法律、行政法规规定办理。

● **行政法规及文件**

《档案法实施条例》（2024年1月12日）

第25条　县级以上档案主管部门可以依托国家档案馆，对下列属于国家所有的档案中具有永久保存价值的档案分类别汇集有关目录数据：

（一）机关、群团组织、国有企业事业单位形成的档案；

（二）第一项所列单位之外的其他单位，经法律法规授权或者受国家机关依法委托管理公共事务形成的档案；

（三）第一项所列单位之外的其他单位或者个人，由国家资金支持，从事或者参与建设工程、科学研究、技术创新等活动形成的且按照协议约定属于国家所有的档案；

（四）国家档案馆保管的前三项以外的其他档案。

涉及国防、外交、国家安全、公共安全等的档案的目录数据，其汇集范围由有关档案主管部门会同档案形成单位研究确定。

● **案例指引**

"红色收藏"中的保密问题[①]

案例要旨：根据《保守国家秘密法》第二十二条的规定，承载国家秘密的纸介质属于国家秘密载体，禁止买卖国家秘密载体也是保密法律法规的基本精神；《保守国家秘密法》第二十八条明确规定，任何组织和个人不得买卖、转送国家秘密载体；第五十七条规

---

① 参见国家保密局网站，https：//www.gjbmj.gov.cn/n1/2020/0624/c420077-31758521.html，2024年4月16日访问。

定，买卖、转送国家秘密载体的依法给予处分。同时，根据国家秘密载体保密管理的有关规定，禁止将秘密载体作为废品出售。综上来看，公开交易国家秘密载体属于违反保密法律法规的行为，应当及时制止并对有关国家秘密载体进行收缴。未标注国家秘密标志或标注"内部"，经鉴定不属于国家秘密的文件，根据《保守国家秘密法》第二十二条规定，此类文件资料不属于国家秘密载体范围，能否公开交易应当根据有关文件主管部门、档案行政管理部门的相关管理规定处理。

第二十一条　标准的制定

鉴定档案保存价值的原则、保管期限的标准以及销毁档案的程序和办法，由国家档案主管部门制定。

禁止篡改、损毁、伪造档案。禁止擅自销毁档案。

● 行政法规及文件

《档案法实施条例》（2024年1月12日）

第24条　机关、团体、企业事业单位和其他组织应当定期对本单位保管的保管期限届满的档案进行鉴定，形成鉴定工作报告。

经鉴定仍需继续保存的档案，应当重新划定保管期限并作出标注。经鉴定需要销毁的档案，其销毁工作应当遵守国家有关规定。

第二十二条　单位和个人形成的档案

非国有企业、社会服务机构等单位和个人形成的档案，对国家和社会具有重要保存价值或者应当保密的，档案所有者应当妥善保管。对保管条件不符合要求或者存在其他原因可能导致档案严重损毁和不安全的，省级以上档案主管部门可以给予帮助，或者经协商采取指定档案馆代为保管等确保档案完整和安全的措施；必要时，可以依法收购或者征购。

前款所列档案，档案所有者可以向国家档案馆寄存或者转让。严禁出卖、赠送给外国人或者外国组织。

向国家捐献重要、珍贵档案的，国家档案馆应当按照国家有关规定给予奖励。

第二十三条　档案的交换和转让

禁止买卖属于国家所有的档案。

国有企业事业单位资产转让时，转让有关档案的具体办法，由国家档案主管部门制定。

档案复制件的交换、转让，按照国家有关规定办理。

● 行政法规及文件

1. 《档案法实施条例》（2024年1月12日）

第26条　档案馆和机关、团体、企业事业单位以及其他组织为了收集、交换散失在国外的档案、进行国际文化交流，以及适应经济建设、科学研究和科技成果推广等的需要，经国家档案主管部门或者省、自治区、直辖市档案主管部门依据职权审查批准，可以向国内外的单位或者个人赠送、交换、出售属于国家所有的档案的复制件。

● 部门规章及文件

2. 《国有企业资产与产权变动档案处置办法》（2021年8月30日）

第一章　总　　则

第1条　为规范国有企业在资产与产权变动中的档案处置工作，确保档案完整安全，防止国有资产流失，维护企业合法权益和职工切身利益，根据《中华人民共和国档案法》等相关法律、行政法规，制定本办法。

第 2 条 国有企业合并、分立、终止（包括解散、破产等）、控制权变更、分离办社会职能等资产与产权变动涉及的档案处置工作适用本办法。

第 3 条 国有企业档案（含照片、胶片、磁带、磁盘、光盘、实物等档案）是国有企业全部活动的真实记录和宝贵财富，是企业资产的依据和凭证，是国家档案资源的重要组成部分，任何单位或个人在资产与产权变动过程中不得擅自处置。

第 4 条 国有企业资产与产权变动档案处置遵循下列原则：

（一）维护国家安全和国家利益，保守国家秘密和企业商业秘密，防止档案散失。

（二）依法依规，区别情况，分类处置。

（三）保障档案的安全，便于档案的利用。

（四）有利于企业保持经营管理的连续性。

第 5 条 对在档案处置工作中作出突出贡献的单位或个人，按照国家有关规定给予表彰、奖励。对违反本办法的单位或个人，根据《中华人民共和国档案法》《中华人民共和国档案法实施办法》《档案管理违法违纪行为处分规定》等予以处理。

第二章　档案处置的组织工作

第 6 条 国有企业资产与产权变动档案处置工作是国有企业资产与产权变动工作的一项重要内容。各有关单位应当将档案处置纳入资产与产权变动工作，同步进行。

第 7 条 各级档案主管部门应当作为同级政府国有企业资产与产权变动工作机制成员单位。各级档案主管部门会同国有资产监督管理机构或企业主管部门，加强对国有企业资产与产权变动档案处置工作的组织协调、监督和指导。

国有企业或其上级主管部门负责所属企业资产与产权变动档案处置工作的组织协调、监督和指导。

第 8 条 资产与产权变动国有企业是档案处置工作的责任主

体,应当明确分管负责人和相关部门职责,主动及时向相应的档案业务监督指导单位汇报有关情况,确保档案处置工作顺利开展。

国有企业破产的,由破产管理人(清算组)负责档案处置工作。

第9条 资产与产权变动国有企业应当按照本办法及相关各方的约定编制档案处置方案,内容包括企业资产与产权变动的方式、档案处置工作流程、各类档案的数量及归属与流向、档案移交时间、相关经费安排等。

第10条 中央管理企业总部编制的档案处置方案,报国家档案局审核同意后执行。地方国有企业总部编制的档案处置方案,报同级档案主管部门审核同意后执行。国有企业应当按照资产隶属关系指导所属企业编制档案处置方案并进行审核。

负责档案处置方案审核的单位应当对方案实施情况进行跟踪检查,发现问题及时纠正。

第11条 档案处置工作流程包括:

(一)确定待处置档案范围,清点档案数量。

(二)收集、整理尚未归档的文件材料。

(三)按照有关规定做好档案的鉴定工作。鉴定工作由企业分管档案工作的负责人和档案、财务、法务等部门人员共同负责;国有企业破产的,由破产管理人(清算组)负责。

(四)对拟销毁的档案编制清册,按照档案销毁程序予以销毁。销毁清册随国有企业资产与产权变动中形成的其他文件材料一起归档,永久保存。

(五)对拟留存的档案按照规定调整密级和划分控制使用范围,根据档案处置方案确定的归属与流向编制移交清册,移交档案。

(六)做好资产与产权变动中形成的文件材料的收集、整理、归档和移交工作。

（七）制定资产与产权变动期间的档案利用制度，做好档案利用工作。

第12条　档案处置工作结束前，档案库房、设备、装具及必要的办公用具等，应当保持原有用途不变。档案库房因各种原因无法继续使用的，应当将档案转移至符合安全保管要求的场所，明确专人管护。

第13条　国有企业资产与产权变动过程中，档案的整理、鉴定、销毁、保管、移交、数字化、数据迁移等工作所需费用，应当在资产与产权变动经费或破产经费中列支，保障档案处置工作有序开展。

第三章　档案的归属与流向

第14条　国有企业合并的，合并后原各单位解散或者一方存续其他方解散的，档案由合并后的单位统一保管；合并后原各单位仍存续的，档案仍由原各单位保管。

第15条　国有企业分立的，原企业档案应当由各方协商确定其中一方保管，其他方可以利用与其业务相关的档案。

第16条　国有企业终止的，其档案的处置按照以下原则分类进行：

（一）管理类档案依次归属原企业控股方、同级国家综合档案馆。

（二）基建档案、设备仪器档案随其实体归属；其实体已报废、拆除的，随企业管理类档案归属。

（三）需继续经营的产品生产和服务业务档案，归属产品和业务承接方；其他产品生产和服务业务档案由参与资产与产权变动的各方协商确定归属。

（四）科学技术研究档案（含专利、商标、专有技术等档案）按照有关法律、行政法规办理；没有规定的，由参与资产与产权变动的各方协商确定。

（五）已结清的会计档案应当同企业管理类档案归属，未结清的会计档案应当抽出移交给承接业务的单位。法律、行政法规另有规定的，依照法律、行政法规的规定办理。

（六）干部职工档案按照有关规定确定归属。

（七）无法归入以上类别的档案同企业管理类档案归属。

第17条　国有企业控制权变更为非国有企业的，管理类档案依次归属原企业控股方、同级国家综合档案馆；其他档案由参与资产与产权变动的各方参照本办法确定归属，应当保证国有资产监督管理机构和原国有企业控股方可利用原企业的全部档案。

第18条　国有企业分离办社会职能的，原承担办社会职能的单位移交地方管理或改制重组的，其档案应当随分离的单位归属；原承担办社会职能的单位终止的，参照本办法第十六条规定确定档案归属。

第19条　国有企业境外经营单位发生资产与产权变动的，按照本办法结合《企业境外档案管理办法》确定档案归属。

第20条　国有企业资产与产权变动各方如对档案归属与流向有异议，且协商无法达成一致的，可以申请由同级档案主管部门予以确定。跨地区、跨系统、跨层级的，由共同的上一级档案主管部门予以确定。

第21条　国有企业资产与产权变动各方如存在多方档案保存需求，经协商一致，相关方可以保存档案复制件。

第22条　涉及国家秘密或者公开后可能危及国家安全、公共安全、经济安全、社会稳定的档案，其处置应当依照有关法律、行政法规的规定。

第四章　资产与产权变动中形成的文件材料的归档

第23条　国有企业资产与产权变动中形成的文件材料归档范围：

（一）国有企业关于资产与产权变动的申请、批复、决定、方案、通知、专家意见、可行性研究报告等文件材料。

（二）成立国有企业资产与产权变动工作机构的文件材料。

（三）国有企业资产与产权变动工作机构、负责人形成的决议、方案、报告、通知等文件材料正本、定稿和处理签报。

（四）国有企业召开关于资产与产权变动的工作会议形成的会议记录、纪要、录音、录像、照片及其他文件材料。

（五）国有企业股权变更、机构变动、资产划转等形成的章程、报告、文件、合同、协议、凭证、法律意见书等文件材料。

（六）审计、资产评估、清算等核准财务状况形成的报告、报表、编制说明、意见书等文件材料。

（七）人民法院出具的判决书、裁定书、通知书、公告、复函等文件材料。

（八）国有企业注销登记的股东会决议、清算材料、行政决定书等文件材料。

（九）涉及职工安置方案、职工安置协议、解除劳动关系协议、支付职工经济补偿凭证、企业缴纳职工社会保险费凭证等文件材料。

（十）档案鉴定、移交、销毁等工作形成的合同、协议、目录、说明等文件材料。

（十一）国有企业资产与产权变动过程中形成的具有保存和利用价值的其他文件材料。

第24条　国有企业资产与产权变动中形成的文件材料，应当按照本办法确定的归档范围，由专人收集整理后向资产与产权变动企业或原企业控股方档案部门移交。

第五章　档案的交接、保管、利用

第25条　各单位应当在不影响利用的前提下，保持资产与产权变动国有企业档案的原有整理成果。

第 26 条　需移交的档案应当在资产与产权变动有关工作结束后 1 个月内完成移交。

移交档案的单位应当按照有关规定编制档案移交清册，列明待移交档案的名称、年度、件（卷）号、保管期限、密级等内容。交接双方应当按照档案移交清册所列内容逐项查验，并由交接双方的有关负责人监督。交接完毕后，交接双方在档案移交清册上签名、盖章。档案移交清册应当一式两套，分别由交接双方保管。电子档案的移交按照国家有关规定执行。

第 27 条　接收档案的单位应当妥善保管档案，落实管理责任，确保档案实体与信息安全。

第 28 条　接收档案的单位应当建立健全档案利用制度，按照规定为各方及原企业职工提供利用。

第六章　附　　则

第 29 条　各省、自治区、直辖市档案主管部门可以根据本办法制定实施细则。

第 30 条　科技事业单位可以参照本办法执行。

第 31 条　本办法由国家档案局负责解释，自 2021 年 11 月 1 日起施行。1998 年 3 月印发的《国有企业资产与产权变动档案处置暂行办法》（档发字〔1998〕6 号）同时废止。

第二十四条　**委托服务**

档案馆和机关、团体、企业事业单位以及其他组织委托档案整理、寄存、开发利用和数字化等服务的，应当与符合条件的档案服务企业签订委托协议，约定服务的范围、质量和技术标准等内容，并对受托方进行监督。

受托方应当建立档案服务管理制度，遵守有关安全保密规定，确保档案的安全。

● 行政法规及文件

《档案法实施条例》（2024 年 1 月 12 日）

第 28 条　档案馆和机关、团体、企业事业单位以及其他组织依照《档案法》第二十四条的规定委托档案服务时，应当确定受委托的档案服务企业符合下列条件：

（一）具有企业法人资格和相应的经营范围；

（二）具有与从事档案整理、寄存、开发利用、数字化等相关服务相适应的场所、设施设备、专业人员和专业能力；

（三）具有保证档案安全的管理体系和保障措施。

委托方应当对受托方的服务进行全程指导和监督，确保档案安全和服务质量。

第二十五条　档案出境

属于国家所有的档案和本法第二十二条规定的档案及其复制件，禁止擅自运送、邮寄、携带出境或者通过互联网传输出境。确需出境的，按照国家有关规定办理审批手续。

● 行政法规及文件

《档案法实施条例》（2024 年 1 月 12 日）

第 27 条　一级档案严禁出境。二级档案需要出境的，应当经国家档案主管部门审查批准。

除前款规定之外，属于《档案法》第二十五条规定的档案或者复制件确需出境的，有关档案馆、机关、团体、企业事业单位和其他组织以及个人应当按照管理权限，报国家档案主管部门或者省、自治区、直辖市档案主管部门审查批准，海关凭批准文件查验放行。

档案或者复制件出境涉及数据出境的，还应当符合国家关于数据出境的规定。

相关单位和个人应当在档案或者复制件出境时主动向海关申报核验,并按照出境申请审查批准意见,妥善保管、处置出境的档案或者复制件。

第二十六条　突发事件应对活动相关档案

国家档案主管部门应当建立健全突发事件应对活动相关档案收集、整理、保护、利用工作机制。

档案馆应当加强对突发事件应对活动相关档案的研究整理和开发利用,为突发事件应对活动提供文献参考和决策支持。

● 部门规章及文件

《重大活动和突发事件档案管理办法》(2020年12月12日)

第一章　总　　则

第1条　为了加强重大活动和突发事件档案科学管理,确保档案完整、安全与有效利用,更好地服务和推进国家治理体系和治理能力现代化,根据《中华人民共和国档案法》《中华人民共和国突发事件应对法》等相关法律、法规,制定本办法。

第2条　本办法所称重大活动是指在中华人民共和国境内外组织举办的,对党和国家、行业、地方具有重大意义或者重要国际影响的会议、会展、赛事、纪念、庆典等大型活动;突发事件是指突然发生,造成或可能造成严重社会危害,需要采取应急处置措施予以应对的自然灾害、事故灾难、公共卫生事件和社会安全事件。

第3条　本办法所称重大活动和突发事件档案,是指在举办重大活动和应对突发事件过程中直接形成的对国家和社会具有保存价值的各种文字、图表、声像等不同形式的历史记录。

第4条　重大活动和突发事件档案工作应当遵循统一领导、

分级管理、分类实施、统筹协作的工作原则，维护档案完整与安全，推动档案利用与开发，为经济社会发展和突发事件应对活动提供文献参考和决策支持。

第5条 各地区各部门应当加强对重大活动和突发事件档案工作组织领导，建立健全工作制度，保证档案管理做到收集齐全完整，整理规范有序，保管安全可靠，鉴定准确及时，利用简捷方便，开发实用有效。

第6条 重大活动和突发事件档案的收集、整理、数字化和移交等工作所需经费应当纳入活动经费预算或保障措施。档案主管部门、档案馆开展重大活动和突发事件档案工作所需经费列入本级预算。

第7条 重大活动和突发事件档案工作应当积极运用新技术、新手段，不断提升信息化管理水平。

涉及国家秘密的档案管理应当同时符合保密管理相关规定。

第二章　工作职责

第8条 档案主管部门负责本行政区域内重大活动和突发事件档案工作统筹协调、制度建设，负责建立本行政区域内重大活动和突发事件档案工作清单，对档案工作进行监督和指导。

中央国家机关根据档案管理需要，在职责范围内指导本系统的重大活动和突发事件档案业务工作。

第9条 重大活动和突发事件的办理或应对部门，或者专门设立的临时机构（以下统称责任部门）负责相应档案的收集、整理和保管，并按规定向档案馆移交。

县级以上党委、政府作为主办单位的，执行单位作为责任部门履行前款规定的职责。

第10条 档案馆负责分管范围内重大活动和突发事件档案接收征集、集中保管、编研开发并提供利用。

档案馆可以根据需要，提前介入重大活动和突发事件档案工作，并采取拍照、录音、录像等方式直接形成重大活动和突发事件档案。

第 11 条　档案主管部门、责任部门和档案馆应当建立档案主管部门统筹协调、各部门分工负责的工作机制，完善工作情况通报制度，协同推进重大活动和突发事件档案工作。

第 12 条　档案主管部门按照法定职权和程序对重大活动和突发事件档案管理工作进行监督检查，责任部门和档案馆应当配合。

第 13 条　对在重大活动和突发事件档案工作中做出突出贡献的单位或者个人，按照国家有关规定给予表彰、奖励。单位或个人存在违法违纪行为的，应当由档案主管部门、有关单位依法依规予以处理。

第三章　管理要求

第 14 条　重大活动和突发事件档案工作实行清单管理制度。档案主管部门应当及时发布本行政区域重大活动和突发事件档案工作清单，明确年度工作任务（或事项）、责任部门、档案处置要求等。工作任务（或事项）应当包括但不限于以下内容：

（一）党的代表大会、人民代表大会、政治协商会议，国际、国家或区域级论坛峰会、合作交流会、博览会、招商引资会、推介洽谈会等会议、会展活动；

（二）国际、全国或地区性综合性运动会及其他重大杯赛、联赛、锦标赛、冠军赛等赛事活动；

（三）以重大事件、重大纪念日、重要人物为主题的纪念、庆典活动；

（四）自然灾害、事故灾难、公共卫生事件、社会安全事件应对活动。

第 15 条　责任部门应当制定重大活动和突发事件档案工作方案，明确档案工作负责部门和人员，按照工作程序和要求形成归档文件材料。采用业务系统办理业务的，业务系统应当支持形成符合要求的归档文件材料。

第 16 条　责任部门应当将重大活动和突发事件中形成的下列文件材料纳入收集范围，做到应收尽收、应归尽归：

（一）领导指示、批示，机构成立及分工文件材料，工作制度、预案、方案、报告、报表、简报、总结，会议材料，奖惩材料，大事记、宣传报道，各单位按照分工或职责形成的其他文件材料；

（二）照片、录音、录像；

（三）业务数据、公务电子邮件、网页信息、社交媒体信息；

（四）印章、题词、活动标志、证件、证书、纪念册、纪念章、奖杯、奖牌、奖章、奖状、牌匾、锦旗等实物档案；

（五）其他具有保存利用价值的文件材料。

第 17 条　责任部门应当将重大活动和突发事件文件材料纳入本单位文件材料归档范围和档案保管期限表统一管理。责任部门为临时机构的，应当制定文件材料归档范围和档案保管期限表，经同级档案主管部门审查同意后施行。

中央国家机关、中央企业可以针对本系统重大活动和突发事件，制定本系统文件材料归档范围和档案保管期限表，经国家档案主管部门审查同意后施行。

第 18 条　重大活动和突发事件档案按照下列要求确定全宗设置：

（一）责任部门为一个单位的，形成的档案纳入本单位档案全宗进行管理；

（二）责任部门分为主办单位、协办单位的，形成的档案纳入主办单位档案全宗进行管理。存在多个主办单位或者分主办、承办单位的，形成的档案纳入承担活动主要工作的单位全宗进行管理或者协商确定；

（三）责任部门为多个单位不分主次、联合开展工作的，形成的档案分别纳入各单位全宗进行管理；

（四）责任部门为临时机构的，形成的档案纳入新设全宗或临时机构的主管单位全宗进行管理。

档案全宗设置产生争议的，由相关单位提交档案主管部门予以处理。

第19条 重大活动和突发事件档案一般与责任部门履行其他职能形成的档案进行统一管理，档案门类划分、分类方法与全宗内档案保持一致。确有必要的，可以设立专题进行管理。

第20条 责任部门应当按照相应门类档案整理规则对重大活动和突发事件文件材料进行组件（卷）、分类、排列、编号和编目等整理工作，并按要求及时归档。

重大活动和突发事件档案不论是否设立专题进行管理，都应当建立专题目录。

第21条 责任部门应当在重大活动和突发事件应对工作结束6个月内，向同级档案主管部门报告档案工作方案落实情况。

例行性、周期性会议通过年度报告说明有关情况的，可以不再专门做出书面说明。

第22条 责任部门应当按照国家有关规定向档案馆移交重大活动和突发事件档案，经档案馆同意，可以提前将档案交档案馆保管。责任部门为临时机构的，应当在临时机构停止工作前向有关主管单位或档案馆移交档案。

责任部门应当对移交进馆档案进行开放审核，并在移交时附具意见。

第23条 档案馆应当按照国家有关规定接收重大活动和突发事件档案，并建立征集制度，通过接受捐献、购买、代存等方式收集档案，充实重大活动和突发事件档案资源。

第24条 责任部门和档案馆应当按照国家有关规定配置适

宜档案保存的库房和必要的设施、设备，确保档案的安全；采用先进技术，实现档案管理的现代化。

第四章　档案利用与开发

第 25 条　档案馆和责任部门应当通过编制检索工具、建立检索系统、建设信息共享平台等方式，为重大活动和突发事件档案利用创造条件。

档案馆应当通过其网站或者其他方式定期公布开放档案的目录，为档案利用提供便利。

第 26 条　档案馆应当积极推进利用工作，按照国家规定向单位或个人提供档案利用。责任部门利用已移交档案的，档案馆应当予以优先保证。

责任部门保管的档案对外提供利用的，需经本单位负责人批准。

第 27 条　档案馆开展分管范围内重大活动和突发事件档案专题数据库建设，责任部门应当配合。责任部门档案以专题方式进行管理且具备建设条件的，应当开展本系统或本单位档案专题数据库建设。

档案主管部门应当科学规划专题数据库建设工作，推动档案馆和责任部门档案专题数据库共建共享共用。

第 28 条　档案馆和责任部门应当加大对重大活动和突发事件档案资源开发力度，通过档案编研、陈列展览等形式，充分发挥档案价值，并为重大活动和突发事件应对提供决策参考。

第五章　附　　则

第 29 条　本办法由国家档案局负责解释。

第 30 条　本办法自 2021 年 6 月 1 日起施行。

第四章　档案的利用和公布

第二十七条　档案向社会开放

县级以上各级档案馆的档案，应当自形成之日起满二十五年向社会开放。经济、教育、科技、文化等类档案，可以少于二十五年向社会开放；涉及国家安全或者重大利益以及其他到期不宜开放的档案，可以多于二十五年向社会开放。国家鼓励和支持其他档案馆向社会开放档案。档案开放的具体办法由国家档案主管部门制定，报国务院批准。

● 行政法规及文件

1.《档案法实施条例》（2024年1月12日）

第29条　国家档案馆应当依照《档案法》的有关规定，分期分批向社会开放档案，并同时公布开放档案的目录。

第31条　对于《档案法》第二十七条规定的到期不宜开放的档案，经国家档案馆报同级档案主管部门同意，可以延期向社会开放。

● 部门规章及文件

2.《国家档案馆档案开放办法》（2022年7月1日）

第一章　总　　则

第1条　为了推进和规范各级国家档案馆档案开放工作，进一步加强档案管理、促进档案利用，充分发挥档案在党和国家各项事业发展中的作用，根据《中华人民共和国档案法》等法律法规，制定本办法。

第2条　本办法所称档案开放，是指国家档案馆按照法定权限将形成时间达到一定年限、无需限制利用的馆藏档案经过法定程序向社会提供利用的活动。

第3条　档案开放应当遵循合法、及时、平等和便于利用的原则，实现档案有序开放、有效利用与档案实体和信息安全相统一。

第4条　国家档案馆应当建立健全档案开放工作制度，积极稳妥地推进档案开放，加强档案利用服务能力建设，保障单位和个人依法利用档案的权利。

第5条　国家档案主管部门负责统筹协调、监督指导全国档案开放工作，研究制定档案开放有关政策和工作规范。

县级以上地方档案主管部门负责统筹协调本行政区域的档案开放工作，对本行政区域内地方各级国家档案馆的档案开放工作实行监督指导。

第二章　档案开放主体和范围

第6条　国家档案馆负责各自分管范围内馆藏档案的开放。国家对档案开放的权限另有规定的，从其规定。

第7条　自形成之日起满二十五年的国家档案馆的档案，经开放审核后无需限制利用的应当及时向社会开放。经济、教育、科技、文化等类档案，经开放审核后可以提前向社会开放。

第8条　自形成之日起已满二十五年，但具有下列情形之一的国家档案馆的档案，可以延期向社会开放：

（一）涉及国家秘密且保密期限尚未届满、解密时间尚未到达或者解密条件尚未达成的；

（二）涉及国家和社会重大利益，开放后可能危及国家安全和社会稳定的；

（三）涉及知识产权、个人信息，开放后会对第三方合法权益造成损害的；

（四）其他按照有关法律、行政法规和国家有关规定应当限制利用的。

第 9 条　国家档案馆应当根据本办法第八条的规定，结合职责权限和馆藏档案实际，会同档案形成单位或者移交单位依法依规确定延期向社会开放档案的具体标准和范围。

第 10 条　国家档案馆不得擅自开放归属和管理权限不属于本馆的历史档案。如需开放，应当按照有关规定征得对该档案有归属和管理权限的档案馆的同意。

第 11 条　国家档案馆以接受捐献、寄存方式收集的档案，是否开放应当按照与捐献、寄存档案的单位和个人的约定办理。未作约定的，国家档案馆应当征求捐献、寄存档案的单位和个人意见。无法取得意见的，由国家档案馆按照本办法有关规定办理。

第三章　档案开放程序和方式

第 12 条　国家档案馆的档案应当依照有关法律、行政法规以及本办法的规定，进行开放审核，分期分批向社会开放。

第 13 条　国家档案馆向社会开放档案应当按照以下程序进行：

（一）计划。研究提出工作方案，明确档案开放工作目标、任务和要求，并报同级档案主管部门批准。

（二）组织。按照同级档案主管部门批准的工作方案牵头组织实施档案开放工作。

（三）审核。会同档案形成单位或者移交单位共同对馆藏档案进行开放审核。

（四）确认。按照本办法第十五条的规定确认档案开放审核结果。

（五）公布。以适当方式向社会公布开放档案的目录。

第 14 条　县级以上地方档案主管部门应当协调建立本地区馆藏档案开放审核协同机制，明确国家档案馆牵头，档案形成单位或者移交单位参与，双方共同负责馆藏档案开放审核。

馆藏档案开放审核的具体规定由国家档案主管部门另行制定。

第15条　馆藏档案开放审核结果应当由国家档案馆和档案形成单位或者移交单位协商一致确定。其中，延期向社会开放的档案，应当由国家档案馆将档案目录报同级档案主管部门审核。

第16条　国家档案馆应当将有关档案开放的信息通过互联网政务媒体、新闻发布会以及报刊、广播、电视等便于公众知晓的方式及时予以公布，并通过网站或者其他方式定期公布开放档案的目录。

第17条　国家档案馆应当对延期开放的馆藏档案定期评估，因情势变化不再具有法律、行政法规以及本办法规定的延期向社会开放情形的，在履行相关程序后向社会开放。

第四章　开放档案利用和保护

第18条　单位和个人持有合法证明可以利用国家档案馆已经开放的档案。机关、团体、企业事业单位和其他组织以及公民利用未开放档案应当向国家档案馆提出申请，按照规定办理有关手续。

国家档案馆应当依照有关法律、行政法规以及本办法的规定，制定档案利用的具体办法，明确档案利用的条件、方式、范围、程序等，并向社会公布。

第19条　国家档案馆应当设置专门的档案利用场所并配备相应的设施、设备，通过信函、电话、网站、电子邮件和互联网政务媒体等多种方式，建立完善档案利用渠道，简化手续，积极为档案利用创造条件、提供便利。

第20条　国家档案主管部门统筹建设开放档案查询利用平台，推动开放档案跨区域共享利用。

第21条　单位和个人到国家档案馆利用档案，应当遵守档案利用的相关规定，并对所利用的档案负有保护的义务。

第 22 条　存在破损或者字迹褪变、扩散等情形且尚未完成修复的档案，如提供利用可能造成档案进一步受损的，国家档案馆可以暂缓提供利用。

第 23 条　已经印刷、复印、缩微、翻拍及数字化等复制处理的档案，国家档案馆应当使用复制件代替原件提供利用。古老、珍贵和重要档案，原则上不提供原件利用。

第 24 条　单位和个人在国家档案馆利用档案需要复制的，可以由国家档案馆代为办理，复制档案的数量由国家档案馆根据具体情况酌情决定。因档案保存状况和档案载体特点等原因不适宜复制的，国家档案馆可以不予复制。

第 25 条　单位和个人使用从国家档案馆摘录、复制的档案，应当遵守有关法律、行政法规和国家有关规定，不得损害国家利益、社会公共利益和第三方合法权益。在公开发表、出版的作品中使用国家档案馆尚未公布的档案，还应当遵守保管该档案的国家档案馆的有关规定。

第 26 条　举办展览、展示等活动需要使用国家档案馆档案的，一般应当使用复制件代替原件，档案原件原则上不外借。

第五章　保障和监督

第 27 条　档案主管部门应当协调有关部门，为国家档案馆开展档案开放工作创造条件、提供保障。

第 28 条　档案形成单位或者移交单位应当为国家档案馆开展档案开放工作提供便利，对应当共同负责的档案开放审核工作，不得拒绝、推诿、敷衍、拖延。无正当理由拒不履行档案开放审核职责的，由档案主管部门责令限期改正。

第 29 条　国家档案馆应当不断提高档案开放工作水平，改善档案利用服务条件，听取社会公众意见，完善反馈机制，接受社会监督。

第 30 条　档案主管部门应当会同有关部门加强对国家档案馆档

案开放工作的监督检查。对不按照规定向社会开放、提供利用档案的，档案主管部门应当督促整改，依法依规给予相应处理。

第 31 条 国家档案馆应当在每年 1 月 31 日前向同级档案主管部门提交上一年度档案开放工作年度报告。

年度报告应当包括档案开放工作计划执行情况、提供档案利用服务情况以及档案利用典型案例等。

第六章 附 则

第 32 条 外国人、无国籍人、外国组织利用国家档案馆已经开放的档案，适用本办法。国家另有规定的除外。

第 33 条 国家档案馆应当根据本办法，结合工作实际，制定本馆档案开放工作的具体操作规定，报同级档案主管部门备案。

第 34 条 本办法自 2022 年 8 月 1 日起施行。国家档案局 1991 年 12 月 26 日发布的《各级国家档案馆开放档案办法》、《外国组织和个人利用我国档案试行办法》同时废止。之前有关档案开放的规定与本办法不一致的，按照本办法执行。

第二十八条 档案馆开放档案

档案馆应当通过其网站或者其他方式定期公布开放档案的目录，不断完善利用规则，创新服务形式，强化服务功能，提高服务水平，积极为档案的利用创造条件，简化手续，提供便利。

单位和个人持有合法证明，可以利用已经开放的档案。档案馆不按规定开放利用的，单位和个人可以向档案主管部门投诉，接到投诉的档案主管部门应当及时调查处理并将处理结果告知投诉人。

利用档案涉及知识产权、个人信息的，应当遵守有关法律、行政法规的规定。

● **行政法规及文件**

《档案法实施条例》（2024年1月12日）

第32条　档案馆提供社会利用的档案，应当逐步实现以复制件代替原件。数字、缩微以及其他复制形式的档案复制件，载有档案保管单位签章标识的，具有与档案原件同等的效力。

第33条　档案馆可以通过阅览、复制和摘录等形式，依法提供利用档案。

国家档案馆应当明确档案利用的条件、范围、程序等，在档案利用接待场所和官方网站公布相关信息，创新档案利用服务形式，推进档案查询利用服务线上线下融合。

第二十九条　利用未开放档案

机关、团体、企业事业单位和其他组织以及公民根据经济建设、国防建设、教学科研和其他工作的需要，可以按照国家有关规定，利用档案馆未开放的档案以及有关机关、团体、企业事业单位和其他组织保存的档案。

● **行政法规及文件**

《档案法实施条例》（2024年1月12日）

第34条　机关、团体、企业事业单位和其他组织以及公民利用国家档案馆保管的未开放的档案，应当经保管该档案的国家档案馆同意，必要时，国家档案馆应当征得档案形成单位或者移交单位同意。

机关、团体、企业事业单位和其他组织的档案机构保管的尚未向国家档案馆移交的档案，其他机关、团体、企业事业单位以及公民需要利用的，应当经档案形成单位或者保管单位同意。

第三十条　馆藏档案开放审核

馆藏档案的开放审核，由档案馆会同档案形成单位或者移交单位共同负责。尚未移交进馆档案的开放审核，由档案形成单位或者保管单位负责，并在移交时附具意见。

● 行政法规及文件

《档案法实施条例》（2024 年 1 月 12 日）

第 30 条　国家档案馆应当建立馆藏档案开放审核协同机制，会同档案形成单位或者移交单位进行档案开放审核。档案形成单位或者移交单位撤销、合并、职权变更的，由有关的国家档案馆会同继续行使其职权的单位共同负责；无继续行使其职权的单位的，由有关的国家档案馆负责。

尚未移交进馆档案的开放审核，由档案形成单位或者保管单位负责，并在移交进馆时附具到期开放意见、政府信息公开情况、密级变更情况等。

县级以上档案主管部门应当加强对档案开放审核工作的统筹协调。

第三十一条　优先利用档案

向档案馆移交、捐献、寄存档案的单位和个人，可以优先利用该档案，并可以对档案中不宜向社会开放的部分提出限制利用的意见，档案馆应当予以支持，提供便利。

第三十二条　公布档案

属于国家所有的档案，由国家授权的档案馆或者有关机关公布；未经档案馆或者有关机关同意，任何单位和个人无权公布。非国有企业、社会服务机构等单位和个人形成的档案，档案所有者有权公布。

> 公布档案应当遵守有关法律、行政法规的规定，不得损害国家安全和利益，不得侵犯他人的合法权益。

● **行政法规及文件**

《档案法实施条例》（2024年1月12日）

第35条　《档案法》第三十二条所称档案的公布，是指通过下列形式首次向社会公开档案的全部或者部分原文：

（一）通过报纸、期刊、图书、音像制品、电子出版物等公开出版；

（二）通过电台、电视台、计算机信息网络等公开传播；

（三）在公开场合宣读、播放；

（四）公开出售、散发或者张贴档案复制件；

（五）在展览、展示中公开陈列。

第36条　公布属于国家所有的档案，按照下列规定办理：

（一）保存在档案馆的，由档案馆公布；必要时，应当征得档案形成单位或者移交单位同意后公布，或者报经档案形成单位或者移交单位的上级主管部门同意后公布；

（二）保存在各单位档案机构的，由各单位公布；必要时，应当报经其上级主管部门同意后公布；

（三）利用属于国家所有的档案的单位和个人，未经档案馆或者有关单位同意，均无权公布档案。

档案馆对寄存档案的公布，应当按照约定办理；没有约定的，应当征得档案所有者的同意。

第三十三条　研究整理档案

> 档案馆应当根据自身条件，为国家机关制定法律、法规、政策和开展有关问题研究，提供支持和便利。

档案馆应当配备研究人员，加强对档案的研究整理，有计划地组织编辑出版档案材料，在不同范围内发行。

　　档案研究人员研究整理档案，应当遵守档案管理的规定。

第三十四条　鼓励开发利用馆藏档案

　　国家鼓励档案馆开发利用馆藏档案，通过开展专题展览、公益讲座、媒体宣传等活动，进行爱国主义、集体主义、中国特色社会主义教育，传承发展中华优秀传统文化，继承革命文化，发展社会主义先进文化，增强文化自信，弘扬社会主义核心价值观。

● 行政法规及文件

《档案法实施条例》（2024 年 1 月 12 日）

　　第 37 条　国家档案馆应当根据工作需要和社会需求，开展馆藏档案的开发利用和公布，促进档案文献出版物、档案文化创意产品等的提供和传播。

　　国家鼓励和支持其他各类档案馆向社会开放和公布馆藏档案，促进档案资源的社会共享。

第五章　档案信息化建设

第三十五条　加强档案信息化建设

　　各级人民政府应当将档案信息化纳入信息化发展规划，保障电子档案、传统载体档案数字化成果等档案数字资源的安全保存和有效利用。

　　档案馆和机关、团体、企业事业单位以及其他组织应当加强档案信息化建设，并采取措施保障档案信息安全。

● 行政法规及文件

1. 《档案法实施条例》（2024年1月12日）

第38条 机关、团体、企业事业单位和其他组织应当加强档案信息化建设，积极推进电子档案管理信息系统建设。

机关、群团组织、国有企业事业单位应当将档案信息化建设纳入本单位信息化建设规划，加强办公自动化系统、业务系统归档功能建设，并与电子档案管理信息系统相互衔接，实现对电子档案的全过程管理。

电子档案管理信息系统应当按照国家有关规定建设，并符合国家关于网络安全、数据安全以及保密等的规定。

第43条 档案馆应当积极创造条件，按照国家有关规定建设、运行维护数字档案馆，为不同网络环境中的档案数字资源的收集、长期安全保存和有效利用提供保障。

国家鼓励有条件的机关、团体、企业事业单位和其他组织开展数字档案室建设，提升本单位的档案信息化水平。

● 部门规章及文件

2. 《国家档案局办公室关于印发〈档案行业网络与信息安全信息通报工作规范〉的通知》（2017年12月15日）

各省、自治区、直辖市档案局，各计划单列市档案局：

为了贯彻落实国家网络与信息安全信息通报制度，我局结合档案工作实际，组织制定了《档案行业网络与信息安全信息通报工作规范》，现印发给你们，请遵照执行。

国家档案局办公室

2017年12月15日

档案行业网络与信息安全信息通报工作规范

第1条 为增强档案行业网络与信息安全风险防范能力，进一步规范全国档案行业网络与信息安全信息通报工作（以下简称档案行业信息通报工作），根据国家有关规定，结合档案行业信息安全工作实际，制定本规范。

第2条 档案行业信息通报工作按照"统一领导、分工负责、资源共享、协作配合"的原则，为网络安全保障工作提供支持。

第3条 国家档案局领导档案行业信息通报工作，日常工作由国家档案局技术部负责。各省、自治区、直辖市档案局和计划单列市档案局、副省级市档案局（以下简称副省级市以上档案局）负责本单位、本区域网络与信息安全信息通报工作，明确该项工作主管领导、责任部门、责任人和联络员。

第4条 国家档案局承担以下职责：

（一）监督、检查、指导副省级市以上档案局网络与信息安全信息通报工作；

（二）接收、汇总副省级市以上档案局报送的网络安全情况、动态，发生的网络安全事件等信息，按要求向国家有关部门报送；

（三）掌握副省级市以上档案局网络安全工作开展情况，对反映的网络安全问题进行专题研究，编写网络安全情况报告等工作；

（四）制定档案行业信息通报相关制度，规范档案信息通报工作；

（五）组织开展档案行业信息通报工作业务交流和培训。

第5条 副省级市以上档案局承担以下职责：

（一）制定本单位、本区域网络与信息安全信息通报工作规范，组织开展本单位、本区域网络与信息安全信息通报工作，收集掌握本单位、本区域网络安全状况；

（二）发现、发生重大网络安全事件或重大网络安全风险时及时报送国家档案局并在本单位、本区域发布预警信息；

（三）每月 25 日向国家档案局报送本单位、本区域网络安全状况及网络安全工作开展情况；

（四）在重大活动和重要专项工作期间，加强网络安全防范和监测预警，建立 24 小时应急联络渠道，执行每日零事件报告制度；

（五）负责该项工作的主管领导、责任部门、责任人、联络员等发生变更时及时向国家档案局报备；

（六）遵守国家保密法律法规，做好信息通报的保密工作。

第 6 条　副省级市以上档案局向国家档案局通报的主要内容：

（一）本单位、本区域网络安全运行状况，发现、发生网络攻击、网络入侵、有害程序传播、漏洞隐患等安全事件情况；

（二）本单位、本区域重大突发网络安全事件的详细情况、处置措施及处置结果；

（三）本单位、本区域出台的网络安全相关政策文件、重大措施、重点项目等情况，网络安全保障工作开展情况；

（四）本单位、本区域年度网络安全工作情况总结。

第 7 条　本规范由国家档案局负责解释。

第 8 条　本规范自公布之日起施行。

● **案例指引**

1. 生成环节违规外包扫描（档案数字化工作要谨防失泄密典型案例之一）[①]

案例要旨： 档案数字化工作大都是对纸质档案进行扫描加工，这项工作通常由档案管理部门外包给有关公司进行。其中，外包公司是否具备处理涉密档案资料的相关资质、档案管理部门是否对数

---

① 参见国家保密局网站，https://www.gjbmj.gov.cn/n1/2019/0111/c420077-30520023.html，2024 年 4 月 16 日访问，以下不再标注。

字化工作进程进行了全程监督管理、是否完整记录数字化工作的各个环节以备倒查，对于保密管理至关重要。案例中，正是档案管理部门未对外包公司进行保密审查和监管，对数字化工作不闻不问，为最终的泄密埋下了隐患。

2. 流转环节档案数字化资料流转不登记（档案数字化工作要谨防失泄密典型案例之二）

案例要旨：档案数字化工作具有数量大的特点，往往需要多人同时进行，要求对原始档案的拆封和复原严格登记造册，做好记录，交接过程也要认真进行清点，并出具相关手续。案例中，数字化工作负责人未制定和实施严密的数字化工作安全制度，原始档案的出库入库也未进行仔细检查，直至涉案文件被上传至微信群才恍然大悟。

3. 存储环节存储载体丢失（档案数字化工作要谨防失泄密典型案例之三）

案例要旨：案例暴露出有关档案部门保密工作缺乏全程性、跟踪性的问题，数字化加工现场负责人一方面未能妥善保管涉密移动硬盘，另一方面未对档案数字化工作场所的保密管理采取相应措施，导致存储硬盘丢失后无迹可寻。提前安装监控录像设施、加强对进出档案数字化场所人员的检查，能够最大限度地避免此类案件的发生。

4. 利用环节违规复制扩散（档案数字化工作要谨防失泄密典型案例之四）

案例要旨：案例一方面暴露出有的档案部门工作人员保密意识薄弱、责任心不强等问题，另一方面也能看出数字化档案资料易于复制和传播、且不容易被监控的缺陷。与传统纸质等其他介质的档案资料一样，涉密的数字化档案资料同样应该被严格控制知悉范围，很多别有用心的人正是利用其形式虚拟化的特点，非但不尽职尽责对数字化档案资料进行妥善保管，反而"监守自盗"，以为没有实体档案的流转，就不会留下"罪证"。同时也提醒档案部门要建立后台管理机制，数字化档案资料的使用要"有迹可循"，并严格控制工作人员相关权限，堵住非法复制、传播的口子。

第三十六条　推进电子档案管理系统建设

机关、团体、企业事业单位和其他组织应当积极推进电子档案管理信息系统建设，与办公自动化系统、业务系统等相互衔接。

第三十七条　电子档案

电子档案应当来源可靠、程序规范、要素合规。

电子档案与传统载体档案具有同等效力，可以以电子形式作为凭证使用。

电子档案管理办法由国家档案主管部门会同有关部门制定。

● 行政法规及文件

《档案法实施条例》（2024年1月12日）

第39条　机关、团体、企业事业单位和其他组织应当采取管理措施和技术手段保证电子档案来源可靠、程序规范、要素合规，符合以下条件：

（一）形成者、形成活动、形成时间可确认，形成、办理、整理、归档、保管、移交等系统安全可靠；

（二）全过程管理符合有关规定，并准确记录、可追溯；

（三）内容、结构、背景信息和管理过程信息等构成要素符合规范要求。

第三十八条　鼓励传统载体档案数字化

国家鼓励和支持档案馆和机关、团体、企业事业单位以及其他组织推进传统载体档案数字化。已经实现数字化的，应当对档案原件妥善保管。

● 行政法规及文件

《档案法实施条例》（2024 年 1 月 12 日）

第 42 条　档案馆和机关、团体、企业事业单位以及其他组织开展传统载体档案数字化工作，应当符合国家档案主管部门有关规定，保证档案数字化成果的质量和安全。

国家鼓励有条件的单位开展文字、语音、图像识别工作，加强档案资源深度挖掘和开发利用。

第三十九条　移交电子档案

电子档案应当通过符合安全管理要求的网络或者存储介质向档案馆移交。

档案馆应当对接收的电子档案进行检测，确保电子档案的真实性、完整性、可用性和安全性。

档案馆可以对重要电子档案进行异地备份保管。

● 行政法规及文件

《档案法实施条例》（2024 年 1 月 12 日）

第 40 条　机关、团体、企业事业单位和其他组织应当按照国家档案主管部门有关规定，定期向有关档案馆移交电子档案。电子档案移交接收网络以及系统环境应当符合国家关于网络安全、数据安全以及保密等的规定。不具备在线移交条件的，应当通过符合安全管理要求的存储介质向档案馆移交电子档案。

档案馆应当在接收电子档案时进行真实性、完整性、可用性和安全性等方面的检测，并采取管理措施和技术手段保证电子档案在长期保存过程中的真实性、完整性、可用性和安全性。

国家档案馆可以为未到本条例第二十条第二款所规定的移交进馆期限的电子档案提供保管服务，涉及政府信息公开事项的，依照《档案法》第十五条第二款的规定办理。

第 41 条　档案馆对重要电子档案进行异地备份保管，应当采用磁介质、光介质、缩微胶片等符合安全管理要求的存储介质，定期检测载体的完好程度和数据的可读性。异地备份选址应当满足安全保密等要求。

档案馆可以根据需要建设灾难备份系统，实现重要电子档案及其管理系统的备份与灾难恢复。

第四十条　数字档案馆

档案馆负责档案数字资源的收集、保存和提供利用。有条件的档案馆应当建设数字档案馆。

第四十一条　推进档案信息资源共享服务平台建设

国家推进档案信息资源共享服务平台建设，推动档案数字资源跨区域、跨部门共享利用。

● 行政法规及文件

《档案法实施条例》（2024 年 1 月 12 日）

第 44 条　国家档案主管部门应当制定数据共享标准，提升档案信息共享服务水平，促进全国档案数字资源跨区域、跨层级、跨部门共享利用工作。

县级以上地方档案主管部门应当推进本行政区域档案数字资源共享利用工作。

第六章　监督检查

第四十二条　主管部门检查范围

档案主管部门依照法律、行政法规有关档案管理的规定，可以对档案馆和机关、团体、企业事业单位以及其他组织的下列情况进行检查：

（一）档案工作责任制和管理制度落实情况；
（二）档案库房、设施、设备配置使用情况；
（三）档案工作人员管理情况；
（四）档案收集、整理、保管、提供利用等情况；
（五）档案信息化建设和信息安全保障情况；
（六）对所属单位等的档案工作监督和指导情况。

● **行政法规及文件**

《档案法实施条例》（2024 年 1 月 12 日）

第 45 条　国家档案馆和机关、群团组织、国有企业事业单位应当定期向同级档案主管部门报送本单位档案工作情况。

第四十三条　主管部门检查权限

档案主管部门根据违法线索进行检查时，在符合安全保密要求的前提下，可以检查有关库房、设施、设备，查阅有关材料，询问有关人员，记录有关情况，有关单位和个人应当配合。

第四十四条　报告档案安全隐患

档案馆和机关、团体、企业事业单位以及其他组织发现本单位存在档案安全隐患的，应当及时采取补救措施，消除档案安全隐患。发生档案损毁、信息泄露等情形的，应当及时向档案主管部门报告。

第四十五条　限期整改

档案主管部门发现档案馆和机关、团体、企业事业单位以及其他组织存在档案安全隐患的，应当责令限期整改，消除档案安全隐患。

● 行政法规及文件

《档案法实施条例》（2024 年 1 月 12 日）

第 51 条　档案服务企业在提供服务过程中明知存在档案安全隐患而不采取措施的，档案主管部门可以采取约谈、责令限期改正等措施。

档案服务企业因违反《档案法》和本条例规定受到行政处罚的，行政处罚信息依照有关法律、行政法规的规定予以公示。

第四十六条　举报档案违法行为

任何单位和个人对档案违法行为，有权向档案主管部门和有关机关举报。

接到举报的档案主管部门或者有关机关应当及时依法处理。

● 行政法规及文件

《档案法实施条例》（2024 年 1 月 12 日）

第 51 条　档案服务企业在提供服务过程中明知存在档案安

全隐患而不采取措施的,档案主管部门可以采取约谈、责令限期改正等措施。

档案服务企业因违反《档案法》和本条例规定受到行政处罚的,行政处罚信息依照有关法律、行政法规的规定予以公示。

第四十七条　主管部门开展监督检查工作

档案主管部门及其工作人员应当按照法定的职权和程序开展监督检查工作,做到科学、公正、严格、高效,不得利用职权牟取利益,不得泄露履职过程中知悉的国家秘密、商业秘密或者个人隐私。

第七章　法 律 责 任

第四十八条　给予处分的行为

单位或者个人有下列行为之一,由县级以上档案主管部门、有关机关对直接负责的主管人员和其他直接责任人员依法给予处分:

(一)丢失属于国家所有的档案的;

(二)擅自提供、抄录、复制、公布属于国家所有的档案的;

(三)买卖或者非法转让属于国家所有的档案的;

(四)篡改、损毁、伪造档案或者擅自销毁档案的;

(五)将档案出卖、赠送给外国人或者外国组织的;

(六)不按规定归档或者不按期移交档案,被责令改正而拒不改正的;

(七)不按规定向社会开放、提供利用档案的;

（八）明知存在档案安全隐患而不采取补救措施，造成档案损毁、灭失，或者存在档案安全隐患被责令限期整改而逾期未整改的；

　　（九）发生档案安全事故后，不采取抢救措施或者隐瞒不报、拒绝调查的；

　　（十）档案工作人员玩忽职守，造成档案损毁、灭失的。

● 行政法规及文件

1.《档案法实施条例》（2024 年 1 月 12 日）

　　第 48 条　国家档案馆违反国家规定擅自扩大或者缩小档案接收范围的，或者不按照国家规定开放、提供利用档案的，由县级以上档案主管部门责令限期改正；情节严重的，由有关机关对负有责任的领导人员和直接责任人员依法给予处分。

　　第 49 条　单位或者个人将应当归档的材料据为己有，拒绝交档案机构、档案工作人员归档的，或者不按照国家规定向国家档案馆移交档案的，由县级以上档案主管部门责令限期改正；拒不改正的，由有关机关对负有责任的领导人员和直接责任人员依法给予处分。

　　第 50 条　单位或者个人侵占、挪用国家档案馆的馆舍的，由县级以上档案主管部门责令限期改正；情节严重的，由有关机关对负有责任的领导人员和直接责任人员依法给予处分；构成犯罪的，依法追究刑事责任；造成财产损失或者其他损害的，依法承担民事责任。

● 部门规章及文件

2.《档案行政处罚程序规定》（2023 年 2 月 15 日）

第一章　总　　则

　　第 1 条　为了规范档案行政处罚程序，保障和监督档案主管部门依法实施行政处罚，保护公民、法人或者其他组织的合法权益，根据《中华人民共和国行政处罚法》等法律法规，结合档案工作实际，制定本规定。

第2条　档案主管部门实施行政处罚，适用本规定。

第3条　实施档案行政处罚应当遵循公正、公开的原则，坚持处罚与教育相结合，做到事实清楚、证据充分、适用依据正确、程序合法、处罚适当。

第4条　档案主管部门应当全面落实行政执法公示制度、执法全过程记录制度、重大执法决定法制审核制度。加强行政执法信息化建设，提高行政执法效率。

第5条　档案主管部门实施行政处罚实行回避制度。参与案件办理的有关人员与案件有直接利害关系或者有其他关系可能影响公正执法的，应当回避。回避决定作出之前，不停止案件调查。

第6条　档案主管部门及其工作人员对实施行政处罚过程中知悉的国家秘密、商业秘密、工作秘密或者个人隐私，应当依法予以保密。

第7条　上级档案主管部门对下级档案主管部门作出的行政处罚，应当加强监督。

第二章　管辖和适用

第8条　档案行政处罚由违法行为发生地的县级以上档案主管部门管辖。法律、行政法规、部门规章另有规定的，从其规定。

第8条　国家档案主管部门管辖下列案件：

（一）违法行为涉及中央和国家机关各部门、中央企业、中央和国务院直属事业单位以及全国性人民团体的；

（二）全国范围内特别重大、复杂的案件。

第10条　省、自治区、直辖市档案主管部门应当按照职权法定、属地管理的原则，结合违法行为涉及区域、案情复杂程度、社会影响范围等因素，厘清本行政区域内不同层级档案主管部门行政处罚管辖范围，明确职责分工。

第 11 条　两个以上档案主管部门都有管辖权的，由最先立案的档案主管部门管辖。

对管辖发生争议的，应当自发生争议之日起七个工作日内协商解决，协商不成的，报请共同的上一级档案主管部门指定管辖；也可以直接由共同的上一级档案主管部门指定管辖。

第 12 条　档案主管部门发现案件不属于本部门管辖的，应当依法移送有关部门。

违法行为涉嫌犯罪的，档案主管部门应当及时将案件移送司法机关，追究刑事责任。

第 13 条　档案主管部门实施行政处罚时，应当责令当事人改正或者限期改正违法行为。

当事人有违法所得，除依法应当予以退赔的外，应当予以没收。违法所得是指实施违法行为所取得的款项。法律、行政法规、部门规章对违法所得的计算另有规定的，从其规定。

第 14 条　档案违法行为在二年内未被发现的，不再给予行政处罚，法律另有规定的除外。

前款规定的期限，从违法行为发生之日起计算；违法行为有连续或者继续状态的，从行为终了之日起计算。

第 15 条　实施档案行政处罚，适用违法行为发生时的法律、法规、规章的规定。但是作出行政处罚决定时，法律、法规、规章已被修改或者废止，且新的规定处罚较轻或者不认为是违法的，适用新的规定。

第三章　调查和决定

第 16 条　档案主管部门对依据监督检查职权或者通过投诉、举报、其他部门移送、上级交办等途径发现的违法行为线索，应当自发现线索或者收到相关材料之日起十五个工作日内予以核查并决定是否立案；特殊情况下，经档案主管部门负责人批准，可以延长十五个工作日。法律、法规、规章另有规定的除外。

检测、检验、鉴定及权利人辨认或者鉴别等所需时间，不计入前款规定期限。

第17条　经核查，符合下列条件的，应当立案：

（一）有初步证据证明存在违反档案管理法律、法规、规章的行为；

（二）依据档案管理法律、法规、规章应当给予行政处罚；

（三）属于本部门管辖；

（四）违法行为未超过行政处罚时效。

决定立案的，应当填写立案审批表，由两名以上具有行政执法资格的执法人员负责调查处理。

第18条　档案主管部门对档案违法案件应当全面、客观、公正地进行调查，依法收集、调取有关证据；必要时，按照法律、行政法规的规定进行检查。

第19条　执法人员在进行调查或者检查时，不得少于两人，并应当主动向当事人或者有关人员出示执法证件。

执法人员应当文明执法，尊重和保护当事人合法权益。

当事人或者有关人员应当协助调查或者检查，不得拒绝或者阻挠。

第20条　证据包括：书证、物证、视听资料、电子数据、证人证言、当事人的陈述、鉴定意见、勘验笔录和现场笔录。

立案前核查或者监督检查过程中依法取得的证据材料，可以作为案件的证据使用。对于移送的案件，移送机关依职权调查收集的证据材料，可以作为案件的证据使用。

证据经查证属实，方可作为认定案件事实的根据。以非法手段取得的证据，不得作为认定案件事实的根据。

第21条 收集、调取的书证、物证应当是原件、原物。调取原件、原物有困难的，可以提取复制件、影印件或者抄录件，也可以拍摄或者制作足以反映原件、原物外形或者内容的照片、录像。复制件、影印件、抄录件和照片、录像由证据提供人核对无误后注明与原件、原物一致，并注明出证日期、证据出处，同时签名或者盖章。

第22条 收集、调取的视听资料、电子数据应当是有关资料的原始载体。收集、调取原始载体有困难的，可以采用复制等方式取证，并注明制作方法、制作时间、制作人等。声音资料应当附有该声音内容的文字记录。

第23条 对与案件有关的物品或者场所进行检查时，应当通知当事人到场。执法人员应当制作现场笔录，载明时间、地点、事件等内容，由执法人员、当事人签名或者盖章。

当事人拒不到场、无法找到当事人或者当事人拒绝签名或盖章的，执法人员应当在笔录中注明，必要时可以邀请有关人员作为见证人。

第24条 执法人员可以询问当事人或有关人员。询问应当个别进行，并制作询问笔录。询问笔录应当交被询问人核对；对阅读有困难的，应当向其宣读。笔录如有差错、遗漏，应当允许其更正或者补充。涂改部分应当由被询问人签名、盖章或者以其他方式确认。经核对无误后，由被询问人在笔录上逐页签名、盖章或者以其他方式确认。执法人员应当在笔录上签名。

被询问人拒绝签名、盖章或者按指纹的，由执法人员在笔录上注明情况。

第25条 为查明案情，需要对案件中专门事项进行检测、检验、鉴定、评估、认定的，应当委托具备相应条件的机构进行。检测、检验、鉴定、评估、认定意见应当告知当事人。

第26条 档案主管部门因实施行政处罚的需要，可以向有关机关出具协助函，请求有关机关协助进行调查取证等。

第27条　案件调查终结，执法人员应当制作案件调查报告。

案件调查报告的内容包括：当事人的基本情况、案件来源、调查过程、案件事实、证据材料、法律依据、处理建议等。

第28条　在作出《中华人民共和国行政处罚法》第五十八条规定情形的行政处罚决定前，办案机构应当将案件调查报告连同案件材料，交由档案主管部门法制机构进行审核。

档案行政处罚法制审核工作由档案主管部门法制机构负责；未设置法制机构的，由档案主管部门确定的承担法制审核工作的其他机构或者人员负责。

案件查办人员不得同时作为该案件的法制审核人员。档案主管部门中初次从事行政处罚决定法制审核的人员，应当通过国家统一法律职业资格考试取得法律职业资格。

第29条　档案行政处罚决定法制审核的主要内容包括：

（一）是否超越本机关法定权限；

（二）当事人基本情况、案件事实是否清楚，证据是否确实、充分；

（三）程序是否合法；

（四）适用法律依据是否正确；

（五）行政执法文书是否规范；

（六）违法行为是否涉嫌犯罪、需要移送司法机关；

（七）其他需要审核的内容。

第30条　负责法制审核工作的机构或人员应当自收到审核材料之日起七个工作日内完成审核，并提出以下书面意见：

（一）对事实清楚、证据合法充分、适用依据准确、处罚适当、程序合法的案件，同意处罚意见；

（二）对事实不清、证据不足的案件，建议补充调查；

（三）对适用依据不准确、处罚不当、程序不合法的案件，建议改正；

（四）对超出法定权限的案件，建议按有关规定移送；

（五）认为有必要提出的其他意见和建议。

第31条　拟作出档案行政处罚的案件，在作出行政处罚决定前，应当书面告知当事人拟作出的行政处罚内容及事实、理由、依据，并告知当事人依法享有陈述权、申辩权。

当事人自告知书送达之日起五个工作日内，未行使陈述、申辩权，视为放弃此权利。

第32条　档案主管部门拟作出《中华人民共和国行政处罚法》第六十三条所列行政处罚决定的，应当告知当事人有要求举行听证的权利；当事人要求听证的，应当在被告知后五个工作日内提出，档案主管部门应当组织听证。当事人不承担听证的费用。

第33条　档案主管部门在告知当事人拟作出的行政处罚决定后，应当充分听取当事人的意见，对当事人提出的事实、理由和证据进行复核。当事人提出的事实、理由或者证据成立的，档案主管部门应当予以采纳，不得因当事人陈述、申辩或者要求听证而给予更重的行政处罚。

第34条　档案主管部门负责人对调查终结的档案违法案件根据不同情况可以分别作出如下决定：

（一）确有依法应当给予行政处罚的违法行为的，根据情节轻重及具体情况，作出行政处罚决定；

（二）确有违法行为，但有依法不予行政处罚情形的，不予行政处罚；

（三）违法事实不能成立的，不予行政处罚；

（四）违法行为涉嫌犯罪的，移送司法机关；

对于案情复杂或者重大违法行为给予较重的行政处罚的，档案主管部门负责人应当集体讨论决定。

第35条　档案主管部门给予行政处罚的，应当制作行政处罚决定书。行政处罚决定书应当载明下列事项：

（一）当事人的姓名或者名称、地址等基本情况；

（二）违反法律、法规或者规章的事实和证据；

（三）当事人陈述、申辩的采纳情况及理由；

（四）行政处罚的种类和依据；

（五）行政处罚的履行方式和期限；

（六）申请行政复议、提起行政诉讼的途径和期限；

（七）作出行政处罚决定的档案主管部门名称和作出决定的日期。

行政处罚决定书必须盖有作出行政处罚决定的档案主管部门的印章。

第36条　档案主管部门应当自立案之日起九十日内作出行政处罚决定。因案情复杂或者其他原因，不能在规定期限内作出处理决定的，经档案主管部门负责人批准，可以延长三十日。案情特别复杂或者有其他特殊情况，经延期仍不能作出处理决定的，应当由档案主管部门负责人集体讨论决定是否继续延期，决定继续延期的，应当同时确定延长的合理期限。

案件处理过程中，听证、检测、检验、鉴定、权利人辨认或者鉴别等时间不计入前款所指的案件办理期限。

第37条　行政处罚决定书应当在宣告后当场交付当事人；当事人不在场的，档案主管部门应当在七个工作日内依照《中华人民共和国民事诉讼法》的有关规定，将行政处罚决定书送达当事人。

当事人同意并签订确认书的，档案主管部门可以采用传真、电子邮件等方式，将行政处罚决定书等送达当事人。

第四章　执行和结案

第38条　行政处罚决定依法作出后，当事人应当在行政处罚决定书载明的期限内，予以履行。

当事人应当自收到行政处罚决定书之日起十五日内，到指定的银行或者通过电子支付系统缴纳罚款。

当事人确有经济困难，需要延期或者分期缴纳罚款的，经当事人申请和档案主管部门批准，可以暂缓或者分期缴纳。

第39条　案件有以下情形之一的，办案机构应当在十个工作日内填写结案审批表，经档案主管部门负责人批准后，予以结案：

（一）行政处罚决定执行完毕的；

（二）依法终结执行的；

（三）案件终止调查的；

（四）依法作出不予行政处罚决定的；

（五）其他应予结案的情形。

第40条　结案后，办案人员应当将案件材料按照档案管理的有关规定整理归档。案卷归档应当一案一卷、材料齐全、规范有序。

<h3 style="text-align:center">第五章　附　　则</h3>

第41条　本规定由国家档案局负责解释。

第42条　本规定自2023年4月1日起施行。2000年5月10日国家档案局公布的《档案行政处罚程序暂行规定》同时废止。

3.《档案管理违法违纪行为处分规定》（2013年2月22日）

第1条　为了预防和惩处档案管理违法违纪行为，有效保护和利用档案，根据《中华人民共和国档案法》、《中华人民共和国行政监察法》、《中华人民共和国公务员法》、《行政机关公务员处分条例》等有关法律、行政法规，制定本规定。

第2条　有档案管理违法违纪行为的单位，其负有责任的领导人员和直接责任人员，以及有档案管理违法违纪行为的个人，应当承担纪律责任。属于下列人员的（以下统称有关责任人员），由任免机关或者监察机关按照管理权限依法给予处分：

（一）行政机关公务员；

（二）法律、法规授权的具有公共事务管理职能的组织中从事公务的人员；

（三）行政机关依法委托从事公共事务管理活动的组织中从事公务的人员；

（四）企业、社会团体中由行政机关任命的人员。

事业单位工作人员有档案管理违法违纪行为的，按照《事业单位工作人员处分暂行规定》执行。

法律、行政法规、国务院决定及国务院监察机关、国务院人力资源社会保障部门制定的规章对档案管理违法违纪行为的处分另有规定的，从其规定。

第3条　将公务活动中形成的应当归档的文件材料、资料据为己有，拒绝交档案机构、档案工作人员归档的，对有关责任人员，给予警告处分；情节较重的，给予记过或者记大过处分；情节严重的，给予降级或者撤职处分。

第4条　拒不按照国家规定向指定的国家档案馆移交档案的，对有关责任人员，给予警告或者记过处分；情节较重的，给予记大过或者降级处分；情节严重的，给予撤职处分。

第5条　出卖或者违反国家规定转让、交换以及赠送档案的，对有关责任人员，给予撤职或者开除处分。

第6条　利用职务之便，将所保管的档案据为己有的，对有关责任人员，给予记大过处分；情节较重的，给予降级或者撤职处分；情节严重的，给予开除处分。

第7条　因工作不负责任或者不遵守档案工作制度，导致档案损毁、丢失的，对有关责任人员，给予记过处分；情节较重的，给予记大过或者降级处分；情节严重的，给予撤职或者开除处分。

第8条　擅自销毁档案的，对有关责任人员，给予记过处分；情节较重的，给予记大过或者降级处分；情节严重的，给予撤职或者开除处分。

第9条 有下列行为之一的，对有关责任人员，给予记过或者记大过处分；情节较重的，给予降级或者撤职处分；情节严重的，给予开除处分：

（一）涂改、伪造档案的；

（二）擅自从档案中抽取、撤换、添加档案材料的。

第10条 携运、邮寄禁止出境的档案或者其复制件出境的，对有关责任人员，给予警告、记过或者记大过处分；情节较重的，给予降级或者撤职处分；情节严重的，给予开除处分。

第11条 有下列行为之一的，对有关责任人员，给予警告、记过或者记大过处分；情节较重的，给予降级或者撤职处分；情节严重的，给予开除处分：

（一）擅自提供、抄录、复制档案的；

（二）擅自公布未开放档案的。

第12条 有下列行为之一，导致档案安全事故发生的，对有关责任人员，给予记过或者记大过处分；情节较重的，给予降级或者撤职处分；情节严重的，给予开除处分：

（一）未配备安全保管档案的必要设施、设备的；

（二）未建立档案安全管理规章制度的；

（三）明知所保存的档案面临危险而不采取措施的。

第13条 有下列行为之一的，对有关责任人员，给予记过或者记大过处分；情节较重的，给予降级或者撤职处分；情节严重的，给予开除处分：

（一）档案安全事故发生后，不及时组织抢救的；

（二）档案安全事故发生后，隐瞒不报、虚假报告或者不及时报告的；

（三）档案安全事故发生后，干扰阻挠有关部门调查的。

第14条 在档案利用工作中违反国家规定收取费用的，对有关责任人员，给予记过或者记大过处分；情节较重的，给予降级或者撤职处分；情节严重的，给予开除处分。

第15条 违反国家规定扩大或者缩小档案接收范围的，对有关责任人员，给予警告或者记过处分；情节较重的，给予记大过或者降级处分；情节严重的，给予撤职处分。

第16条 拒不按照国家规定开放档案的，对有关责任人员，给予警告、记过或者记大过处分。

第17条 因档案管理违法违纪行为受到处分的人员对处分决定不服的，依照《中华人民共和国行政监察法》、《中华人民共和国公务员法》、《行政机关公务员处分条例》等有关规定，可以申请复核或者申诉。

第18条 任免机关、监察机关和档案行政管理部门建立案件移送制度。

任免机关、监察机关查处档案管理违法违纪案件，认为应当由档案行政管理部门给予行政处罚的，应当及时将有关案件材料移送档案行政管理部门。档案行政管理部门应当依法及时查处，并将处理结果书面告知任免机关、监察机关。

档案行政管理部门查处档案管理违法案件，认为应当由任免机关或者监察机关给予处分的，应当及时将有关案件材料移送任免机关或者监察机关。任免机关或者监察机关应当依法及时查处，并将处理结果书面告知档案行政管理部门。

第19条 有档案管理违法违纪行为，应当给予党纪处分的，移送党的纪律检查机关处理。涉嫌犯罪的，移送司法机关依法追究刑事责任。

第20条 本规定所称的档案，是指属于国家所有的档案和不属于国家所有但保存在各级国家档案馆的档案。

第21条 本规定由监察部、人力资源社会保障部、国家档案局负责解释。

第 22 条 本规定自 2013 年 3 月 1 日起施行。

第四十九条　违法利用档案的处罚

利用档案馆的档案，有本法第四十八条第一项、第二项、第四项违法行为之一的，由县级以上档案主管部门给予警告，并对单位处一万元以上十万元以下的罚款，对个人处五百元以上五千元以下的罚款。

档案服务企业在服务过程中有本法第四十八条第一项、第二项、第四项违法行为之一的，由县级以上档案主管部门给予警告，并处二万元以上二十万元以下的罚款。

单位或者个人有本法第四十八条第三项、第五项违法行为之一的，由县级以上档案主管部门给予警告，没收违法所得，并对单位处一万元以上十万元以下的罚款，对个人处五百元以上五千元以下的罚款；并可以依照本法第二十二条的规定征购所出卖或者赠送的档案。

第五十条　传输禁止出境的档案的处罚

违反本法规定，擅自运送、邮寄、携带或者通过互联网传输禁止出境的档案或者其复制件出境的，由海关或者有关部门予以没收、阻断传输，并对单位处一万元以上十万元以下的罚款，对个人处五百元以上五千元以下的罚款；并将没收、阻断传输的档案或者其复制件移交档案主管部门。

第五十一条　构成犯罪的处罚

违反本法规定，构成犯罪的，依法追究刑事责任；造成财产损失或者其他损害的，依法承担民事责任。

第八章 附 则

第五十二条　中央军事委员会依照本法制定管理办法

中国人民解放军和中国人民武装警察部队的档案工作,由中央军事委员会依照本法制定管理办法。

第五十三条　施行日期

本法自 2021 年 1 月 1 日起施行。

中华人民共和国密码法

(2019年10月26日第十三届全国人民代表大会常务委员会第十四次会议通过 2019年10月26日中华人民共和国主席令第35号公布 自2020年1月1日起施行)

目　　录

第一章　总　　则
第二章　核心密码、普通密码
第三章　商用密码
第四章　法律责任
第五章　附　　则

第一章　总　　则

第一条　立法目的

为了规范密码应用和管理，促进密码事业发展，保障网络与信息安全，维护国家安全和社会公共利益，保护公民、法人和其他组织的合法权益，制定本法。

第二条　适用范围

本法所称密码，是指采用特定变换的方法对信息等进行加密保护、安全认证的技术、产品和服务。

● 行政法规及文件

《商用密码管理条例》（2023 年 4 月 27 日）

　　第 2 条　在中华人民共和国境内的商用密码科研、生产、销售、服务、检测、认证、进出口、应用等活动及监督管理，适用本条例。

　　本条例所称商用密码，是指采用特定变换的方法对不属于国家秘密的信息等进行加密保护、安全认证的技术、产品和服务。

第三条　工作原则

> 　　密码工作坚持总体国家安全观，遵循统一领导、分级负责，创新发展、服务大局，依法管理、保障安全的原则。

第四条　党的领导

> 　　坚持中国共产党对密码工作的领导。中央密码工作领导机构对全国密码工作实行统一领导，制定国家密码工作重大方针政策，统筹协调国家密码重大事项和重要工作，推进国家密码法治建设。

● 行政法规及文件

《商用密码管理条例》（2023 年 4 月 27 日）

　　第 3 条　坚持中国共产党对商用密码工作的领导，贯彻落实总体国家安全观。国家密码管理部门负责管理全国的商用密码工作。县级以上地方各级密码管理部门负责管理本行政区域的商用密码工作。

　　网信、商务、海关、市场监督管理等有关部门在各自职责范围内负责商用密码有关管理工作。

> 第五条　主管部门

国家密码管理部门负责管理全国的密码工作。县级以上地方各级密码管理部门负责管理本行政区域的密码工作。

国家机关和涉及密码工作的单位在其职责范围内负责本机关、本单位或者本系统的密码工作。

> 第六条　分类管理

国家对密码实行分类管理。

密码分为核心密码、普通密码和商用密码。

> 第七条　核心密码、普通密码的定义

核心密码、普通密码用于保护国家秘密信息，核心密码保护信息的最高密级为绝密级，普通密码保护信息的最高密级为机密级。

核心密码、普通密码属于国家秘密。密码管理部门依照本法和有关法律、行政法规、国家有关规定对核心密码、普通密码实行严格统一管理。

> 第八条　商业密码的定义

商用密码用于保护不属于国家秘密的信息。

公民、法人和其他组织可以依法使用商用密码保护网络与信息安全。

> 第九条　鼓励科研，表彰和奖励

国家鼓励和支持密码科学技术研究和应用，依法保护密码领域的知识产权，促进密码科学技术进步和创新。

国家加强密码人才培养和队伍建设，对在密码工作中作出突出贡献的组织和个人，按照国家有关规定给予表彰和奖励。

● 行政法规及文件

《商用密码管理条例》（2023 年 4 月 27 日）

第 4 条　国家加强商用密码人才培养，建立健全商用密码人才发展体制机制和人才评价制度，鼓励和支持密码相关学科和专业建设，规范商用密码社会化培训，促进商用密码人才交流。

第十条　加强安全教育

国家采取多种形式加强密码安全教育，将密码安全教育纳入国民教育体系和公务员教育培训体系，增强公民、法人和其他组织的密码安全意识。

● 行政法规及文件

《商用密码管理条例》（2023 年 4 月 27 日）

第 5 条　各级人民政府及其有关部门应当采取多种形式加强商用密码宣传教育，增强公民、法人和其他组织的密码安全意识。

第十一条　纳入发展规划和财政预算

县级以上人民政府应当将密码工作纳入本级国民经济和社会发展规划，所需经费列入本级财政预算。

第十二条　禁止从事的行为

任何组织或者个人不得窃取他人加密保护的信息或者非法侵入他人的密码保障系统。

任何组织或者个人不得利用密码从事危害国家安全、社会公共利益、他人合法权益等违法犯罪活动。

第二章 核心密码、普通密码

第十三条 加强核心密码、普通密码制度建设

国家加强核心密码、普通密码的科学规划、管理和使用，加强制度建设，完善管理措施，增强密码安全保障能力。

第十四条 信息系统的加密保护、安全认证

在有线、无线通信中传递的国家秘密信息，以及存储、处理国家秘密信息的信息系统，应当依照法律、行政法规和国家有关规定使用核心密码、普通密码进行加密保护、安全认证。

第十五条 建立安全管理制度

从事核心密码、普通密码科研、生产、服务、检测、装备、使用和销毁等工作的机构（以下统称密码工作机构）应当按照法律、行政法规、国家有关规定以及核心密码、普通密码标准的要求，建立健全安全管理制度，采取严格的保密措施和保密责任制，确保核心密码、普通密码的安全。

第十六条 配合管理部门指导、监督和检查

密码管理部门依法对密码工作机构的核心密码、普通密码工作进行指导、监督和检查，密码工作机构应当配合。

● 行政法规及文件

《关键信息基础设施安全保护条例》（2021年7月30日）

第28条 运营者对保护工作部门开展的关键信息基础设施

网络安全检查检测工作，以及公安、国家安全、保密行政管理、密码管理等有关部门依法开展的关键信息基础设施网络安全检查工作应当予以配合。

第十七条　建立协作机制

密码管理部门根据工作需要会同有关部门建立核心密码、普通密码的安全监测预警、安全风险评估、信息通报、重大事项会商和应急处置等协作机制，确保核心密码、普通密码安全管理的协同联动和有序高效。

密码工作机构发现核心密码、普通密码泄密或者影响核心密码、普通密码安全的重大问题、风险隐患的，应当立即采取应对措施，并及时向保密行政管理部门、密码管理部门报告，由保密行政管理部门、密码管理部门会同有关部门组织开展调查、处置，并指导有关密码工作机构及时消除安全隐患。

第十八条　加强密码工作机构建设

国家加强密码工作机构建设，保障其履行工作职责。

国家建立适应核心密码、普通密码工作需要的人员录用、选调、保密、考核、培训、待遇、奖惩、交流、退出等管理制度。

第十九条　免检等便利

密码管理部门因工作需要，按照国家有关规定，可以提请公安、交通运输、海关等部门对核心密码、普通密码有关物品和人员提供免检等便利，有关部门应当予以协助。

第二十条 建立监督和安全审查制度

密码管理部门和密码工作机构应当建立健全严格的监督和安全审查制度，对其工作人员遵守法律和纪律等情况进行监督，并依法采取必要措施，定期或者不定期组织开展安全审查。

第三章 商用密码

第二十一条 鼓励商用密码产业发展

国家鼓励商用密码技术的研究开发、学术交流、成果转化和推广应用，健全统一、开放、竞争、有序的商用密码市场体系，鼓励和促进商用密码产业发展。

各级人民政府及其有关部门应当遵循非歧视原则，依法平等对待包括外商投资企业在内的商用密码科研、生产、销售、服务、进出口等单位（以下统称商用密码从业单位）。国家鼓励在外商投资过程中基于自愿原则和商业规则开展商用密码技术合作。行政机关及其工作人员不得利用行政手段强制转让商用密码技术。

商用密码的科研、生产、销售、服务和进出口，不得损害国家安全、社会公共利益或者他人合法权益。

● 行政法规及文件

1. 《**商用密码管理条例**》（2023 年 4 月 27 日）

第 6 条 商用密码领域的学会、行业协会等社会组织依照法律、行政法规及其章程的规定，开展学术交流、政策研究、公共服务等活动，加强学术和行业自律，推动诚信建设，促进行业健康发展。

密码管理部门应当加强对商用密码领域社会组织的指导和支持。

第 8 条　国家鼓励和支持商用密码科学技术成果转化和产业化应用，建立和完善商用密码科学技术成果信息汇交、发布和应用情况反馈机制。

● 部门规章及文件

2. **《商用密码科研管理规定》**（2017 年 12 月 1 日）

第 1 条　为了加强商用密码科研管理，促进商用密码技术进步，根据《商用密码管理条例》，制定本规定。

第 2 条　商用密码体制、协议、算法及其技术规范的科研活动适用本规定，学术和理论研究除外。

第 3 条　国家密码管理局主管全国的商用密码科研管理工作。

第 4 条　商用密码科研由具有独立法人资格的企业、事业单位、社会团体等单位（以下称商用密码科研单位）承担。

第 5 条　国家鼓励采用先进的编码理论和技术，编制具有较高保密强度和抗攻击能力的商用密码算法。

第 6 条　商用密码科研项目由国家密码管理局下达或者商用密码科研单位自选。

第 7 条　国家密码管理局采用任务书的形式下达项目。任务书应当明确项目名称、设计要求、技术指标、进度要求、成果形式等。

国家密码管理局依据任务书对项目的进展情况进行检查。

第 8 条　商用密码科研单位研究完成下达的项目后，应当向国家密码管理局申请验收。

申请项目验收，应当提交下列材料：

（一）验收申请；

（二）研究工作总结报告；

（三）编制方案及说明；

（四）安全性分析报告。

申请验收商用密码算法项目的，还应当提交商用密码算法源程序、程序说明和算法工程实现的评估报告。

第9条　国家密码管理局组织专家对申请验收的项目进行评审，并根据专家评审意见作出是否同意通过验收的决定。同意通过验收的，国家密码管理局发给证明文件。

第10条　通过验收的商用密码科研项目成果，由国家密码管理局组织推广应用。

未通过国家密码管理局验收的商用密码科研项目成果不得投入应用。

第11条　商用密码科研单位自选项目可以向国家密码管理局申请成果鉴定。成果鉴定及成果的推广应用参照本规定第八条、第九条、第十条办理。

第12条　商用密码科研单位及其人员，应当对所接触和掌握的商用密码技术承担保密义务。

第13条　商用密码科研单位应当建立健全保密规章制度，对其人员进行保密教育。

第14条　商用密码科研活动应当在符合安全保密要求的环境中进行。

商用密码技术资料应当由专人保管，并采取相应的保密措施，防止商用密码技术的泄露。

第15条　参与商用密码科研项目评审、管理的专家和工作人员，应当对研究内容、技术方案和科研成果承担保密义务。

第16条　违反本规定的行为，依照《商用密码管理条例》予以处罚。

第17条　本规定自2006年1月1日起施行。

第二十二条　建立商用密码标准体系

国家建立和完善商用密码标准体系。

国务院标准化行政主管部门和国家密码管理部门依据各自职责，组织制定商用密码国家标准、行业标准。

国家支持社会团体、企业利用自主创新技术制定高于国家标准、行业标准相关技术要求的商用密码团体标准、企业标准。

● 行政法规及文件

《商用密码管理条例》（2023年4月27日）

第7条　国家建立健全商用密码科学技术创新促进机制，支持商用密码科学技术自主创新，对作出突出贡献的组织和个人按照国家有关规定予以表彰和奖励。

国家依法保护商用密码领域的知识产权。从事商用密码活动，应当增强知识产权意识，提高运用、保护和管理知识产权的能力。

国家鼓励在外商投资过程中基于自愿原则和商业规则开展商用密码技术合作。行政机关及其工作人员不得利用行政手段强制转让商用密码技术。

第10条　国务院标准化行政主管部门和国家密码管理部门依据各自职责，组织制定商用密码国家标准、行业标准，对商用密码团体标准的制定进行规范、引导和监督。国家密码管理部门依据职责，建立商用密码标准实施信息反馈和评估机制，对商用密码标准实施进行监督检查。

国家推动参与商用密码国际标准化活动，参与制定商用密码国际标准，推进商用密码中国标准与国外标准之间的转化运用，鼓励企业、社会团体和教育、科研机构等参与商用密码国际标准化活动。

其他领域的标准涉及商用密码的，应当与商用密码国家标准、行业标准保持协调。

第二十三条　推动商用密码国际标准化活动

国家推动参与商用密码国际标准化活动，参与制定商用密码国际标准，推进商用密码中国标准与国外标准之间的转化运用。

国家鼓励企业、社会团体和教育、科研机构等参与商用密码国际标准化活动。

● 行政法规及文件

《商用密码管理条例》（2023年4月27日）

第10条　国务院标准化行政主管部门和国家密码管理部门依据各自职责，组织制定商用密码国家标准、行业标准，对商用密码团体标准的制定进行规范、引导和监督。国家密码管理部门依据职责，建立商用密码标准实施信息反馈和评估机制，对商用密码标准实施进行监督检查。

国家推动参与商用密码国际标准化活动，参与制定商用密码国际标准，推进商用密码中国标准与国外标准之间的转化运用，鼓励企业、社会团体和教育、科研机构等参与商用密码国际标准化活动。

其他领域的标准涉及商用密码的，应当与商用密码国家标准、行业标准保持协调。

第二十四条　从业单位的义务

商用密码从业单位开展商用密码活动，应当符合有关法律、行政法规、商用密码强制性国家标准以及该从业单位公开标准的技术要求。

> 国家鼓励商用密码从业单位采用商用密码推荐性国家标准、行业标准，提升商用密码的防护能力，维护用户的合法权益。

● **行政法规及文件**

《商用密码管理条例》（2023 年 4 月 27 日）

　　第 11 条　从事商用密码活动，应当符合有关法律、行政法规、商用密码强制性国家标准，以及自我声明公开标准的技术要求。

　　国家鼓励在商用密码活动中采用商用密码推荐性国家标准、行业标准，提升商用密码的防护能力，维护用户的合法权益。

第二十五条　推进商用密码检测认证体系建设

　　国家推进商用密码检测认证体系建设，制定商用密码检测认证技术规范、规则，鼓励商用密码从业单位自愿接受商用密码检测认证，提升市场竞争力。

　　商用密码检测、认证机构应当依法取得相关资质，并依照法律、行政法规的规定和商用密码检测认证技术规范、规则开展商用密码检测认证。

　　商用密码检测、认证机构应当对其在商用密码检测认证中所知悉的国家秘密和商业秘密承担保密义务。

● **行政法规及文件**

1. 《商用密码管理条例》（2023 年 4 月 27 日）

　　第 9 条　国家密码管理部门组织对法律、行政法规和国家有关规定要求使用商用密码进行保护的网络与信息系统所使用的密码算法、密码协议、密钥管理机制等商用密码技术进行审查鉴定。

第12条 国家推进商用密码检测认证体系建设,鼓励在商用密码活动中自愿接受商用密码检测认证。

第13条 从事商用密码产品检测、网络与信息系统商用密码应用安全性评估等商用密码检测活动,向社会出具具有证明作用的数据、结果的机构,应当经国家密码管理部门认定,依法取得商用密码检测机构资质。

第14条 取得商用密码检测机构资质,应当符合下列条件:

(一) 具有法人资格;

(二) 具有与从事商用密码检测活动相适应的资金、场所、设备设施、专业人员和专业能力;

(三) 具有保证商用密码检测活动有效运行的管理体系。

第15条 申请商用密码检测机构资质,应当向国家密码管理部门提出书面申请,并提交符合本条例第十四条规定条件的材料。

国家密码管理部门应当自受理申请之日起20个工作日内,对申请进行审查,并依法作出是否准予认定的决定。

需要对申请人进行技术评审的,技术评审所需时间不计算在本条规定的期限内。国家密码管理部门应当将所需时间书面告知申请人。

第16条 商用密码检测机构应当按照法律、行政法规和商用密码检测技术规范、规则,在批准范围内独立、公正、科学、诚信地开展商用密码检测,对出具的检测数据、结果负责,并定期向国家密码管理部门报送检测实施情况。

商用密码检测技术规范、规则由国家密码管理部门制定并公布。

第17条 国务院市场监督管理部门会同国家密码管理部门建立国家统一推行的商用密码认证制度,实行商用密码产品、服务、管理体系认证,制定并公布认证目录和技术规范、规则。

第18条　从事商用密码认证活动的机构,应当依法取得商用密码认证机构资质。

申请商用密码认证机构资质,应当向国务院市场监督管理部门提出书面申请。申请人除应当符合法律、行政法规和国家有关规定要求的认证机构基本条件外,还应当具有与从事商用密码认证活动相适应的检测、检查等技术能力。

国务院市场监督管理部门在审查商用密码认证机构资质申请时,应当征求国家密码管理部门的意见。

第19条　商用密码认证机构应当按照法律、行政法规和商用密码认证技术规范、规则,在批准范围内独立、公正、科学、诚信地开展商用密码认证,对出具的认证结论负责。

商用密码认证机构应当对其认证的商用密码产品、服务、管理体系实施有效的跟踪调查,以保证通过认证的商用密码产品、服务、管理体系持续符合认证要求。

第20条　涉及国家安全、国计民生、社会公共利益的商用密码产品,应当依法列入网络关键设备和网络安全专用产品目录,由具备资格的商用密码检测、认证机构检测认证合格后,方可销售或者提供。

第21条　商用密码服务使用网络关键设备和网络安全专用产品的,应当经商用密码认证机构对该商用密码服务认证合格。

● 部门规章及文件

2.《市场监管总局、国家密码管理局关于开展商用密码检测认证工作的实施意见》(2020年3月26日)

各省、自治区、直辖市及新疆生产建设兵团市场监管局(厅、委)、密码管理局:

为推进商用密码检测认证体系建设,促进商用密码产业健康有序发展,根据《中华人民共和国产品质量法》《中华人民共和国密码法》和《中华人民共和国认证认可条例》,市场监管总局、国家密码管理局就商用密码检测认证工作提出以下实施意见。

一、工作原则与机制

商用密码检测认证工作坚持"统一管理、共同实施、规范有序、保障安全"的基本原则。市场监管总局、国家密码管理局根据部门职责,加强检测认证工作的组织实施、监督管理和结果采信,营造有利于商用密码发展的良好市场环境。

商用密码认证目录由市场监管总局、国家密码管理局共同发布,商用密码认证规则由市场监管总局发布。

市场监管总局、国家密码管理局联合组建商用密码认证技术委员会,协调解决认证实施过程中出现的技术问题,为管理部门提供技术支撑、提出工作建议等。

二、认证实施

(一)商用密码认证机构应当符合有关行政法规、规章规定的基本条件,具备从事商用密码认证活动的专业能力,并经市场监管总局征求国家密码管理局意见后批准取得资质。

(二)商用密码认证机构应当委托依法取得商用密码检测相关资质的检测机构开展与认证相关的检测活动,并明确各自权利义务和法律责任。

(三)商用密码检测、认证机构应当依照法律、行政法规的规定和商用密码检测认证技术规范、规则开展商用密码检测认证,并建立可追溯工作机制对检测认证全过程完整记录并归档留存。

(四)商用密码认证机构应当公开认证收费标准、认证证书有效、暂停、注销或者撤销的状态等信息,接受社会的监督和查询。

(五)商用密码认证机构应当按照有关规定报送商用密码认证实施情况及认证证书信息。

(六)商用密码检测、认证机构应当对其在商用密码检测认证中所知悉的国家秘密和商业秘密承担保密义务。

三、监督管理

（一）市场监管部门会同密码管理部门对商用密码检测、认证机构及其活动实施监督管理，发现违法行为的，依法予以处罚。

（二）认证委托人对检测、认证机构的检测认证工作和检测认证决定有异议的，可以向作出决定的检测、认证机构提出申诉。对检测、认证机构处理结果仍有异议的，可以向市场监管部门或密码管理部门投诉。

3.《国家密码管理局、市场监管总局关于调整商用密码产品管理方式的公告》（2019 年 12 月 30 日）

为贯彻落实"放管服"改革要求，充分激发商用密码市场活力，根据《中华人民共和国密码法》的规定，取消"商用密码产品品种和型号审批"。市场监管总局会同国家密码管理局建立国家统一推行的商用密码认证制度（以下简称国推商用密码认证），采取支持措施，鼓励商用密码产品获得认证。为确保商用密码产品管理工作平稳有序衔接和过渡，现将有关事项公告如下。

（一）自 2020 年 1 月 1 日起，国家密码管理局不再受理商用密码产品品种和型号申请，停止发放《商用密码产品型号证书》。自 2020 年 7 月 1 日起，已发放的《商用密码产品型号证书》自动失效。

（二）市场监管总局会同国家密码管理局另行制定发布国推商用密码认证的产品目录、认证规则和有关实施要求。自认证规则实施之日起，商用密码从业单位可自愿向具备资质的商用密码认证机构提交认证申请。

对于有效期内的《商用密码产品型号证书》，持证单位可于 2020 年 6 月 30 日前，自愿申请转换国推商用密码产品认证证书，经认证机构审核符合认证要求后，直接换发认证证书，认证证书有效期与原《商用密码产品型号证书》有效期保持一致。为方便证书转换，持证单位所在地省（区、市）密码管理部门可协助认证机构受理转换认证申请。

对于尚未完成商用密码产品品种和型号审批的，原审批申请单位可于2020年6月30日前，自愿转为认证申请；审批期间已经开展的审查及检测，认证机构不再重复审查、检测。

特此公告。

> **第二十六条** 网络关键设备和网络安全专用产品
>
> 涉及国家安全、国计民生、社会公共利益的商用密码产品，应当依法列入网络关键设备和网络安全专用产品目录，由具备资格的机构检测认证合格后，方可销售或者提供。商用密码产品检测认证适用《中华人民共和国网络安全法》的有关规定，避免重复检测认证。
>
> 商用密码服务使用网络关键设备和网络安全专用产品的，应当经商用密码认证机构对该商用密码服务认证合格。

● 部门规章及文件

《国家密码管理局关于进一步加强商用密码产品管理工作的通知》
（2018年10月15日）

各省、自治区、直辖市密码管理局，新疆生产建设兵团密码管理局，深圳市密码管理局：

近年来，国家密码管理局发布了系列密码行业标准，对规范商用密码产品设计、实现和应用具有重要作用。为进一步贯彻落实"放管服"改革要求，推动已发布密码行业标准的深入贯彻实施，现就加强商用密码产品品种和型号申报指导、初审把关和审批管理有关事项通知如下。

一、加强商用密码产品研发和受理指导

指导商用密码产品生产单位严格遵循已发布密码相关标准，加强商用密码产品的设计和实现；做好商用密码产品品种和型号申请材料的初审和把关，指导申报单位在申请书中明确该产品遵循的技术规范及申报的安全等级。

《商用密码产品主要类别及应遵循安全等级标准对照表》见附件1。

二、加强商用密码产品标准合规性检测及标注工作

全面实施申报商用密码产品品种和型号标准合规性检测工作，既对该产品满足的技术规范进行合规性检测，同时对该产品申报的安全芯片安全等级或密码模块安全等级进行符合性检测。对申请到期换证的，若该产品相关技术标准没有发生变化，只对该产品申报的安全芯片安全等级或密码模块安全等级进行符合性检测。商用密码产品符合的标准规范及达到的安全等级将在型号证书中予以标注。

商用密码产品品种和型号申请材料模板（见附件2、3）已更新，并发布在国家密码管理局网站上（www.sca.gov.cn）。

特此通知。

附件：（略）

第二十七条　关键信息基础设施保护

法律、行政法规和国家有关规定要求使用商用密码进行保护的关键信息基础设施，其运营者应当使用商用密码进行保护，自行或者委托商用密码检测机构开展商用密码应用安全性评估。商用密码应用安全性评估应当与关键信息基础设施安全检测评估、网络安全等级测评制度相衔接，避免重复评估、测评。

关键信息基础设施的运营者采购涉及商用密码的网络产品和服务，可能影响国家安全的，应当按照《中华人民共和国网络安全法》的规定，通过国家网信部门会同国家密码管理部门等有关部门组织的国家安全审查。

● 行政法规及文件

1. 《商用密码管理条例》（2023 年 4 月 27 日）

第 35 条 国家鼓励公民、法人和其他组织依法使用商用密码保护网络与信息安全，鼓励使用经检测认证合格的商用密码。

任何组织或者个人不得窃取他人加密保护的信息或者非法侵入他人的商用密码保障系统，不得利用商用密码从事危害国家安全、社会公共利益、他人合法权益等违法犯罪活动。

第 36 条 国家支持网络产品和服务使用商用密码提升安全性，支持并规范商用密码在信息领域新技术、新业态、新模式中的应用。

第 37 条 国家建立商用密码应用促进协调机制，加强对商用密码应用的统筹指导。国家机关和涉及商用密码工作的单位在其职责范围内负责本机关、本单位或者本系统的商用密码应用和安全保障工作。

密码管理部门会同有关部门加强商用密码应用信息收集、风险评估、信息通报和重大事项会商，并加强与网络安全监测预警和信息通报的衔接。

第 38 条 法律、行政法规和国家有关规定要求使用商用密码进行保护的关键信息基础设施，其运营者应当使用商用密码进行保护，制定商用密码应用方案，配备必要的资金和专业人员，同步规划、同步建设、同步运行商用密码保障系统，自行或者委托商用密码检测机构开展商用密码应用安全性评估。

前款所列关键信息基础设施通过商用密码应用安全性评估方可投入运行，运行后每年至少进行一次评估，评估情况按照国家有关规定报送国家密码管理部门或者关键信息基础设施所在地省、自治区、直辖市密码管理部门备案。

第 39 条 法律、行政法规和国家有关规定要求使用商用密码进行保护的关键信息基础设施，使用的商用密码产品、服务应当经检测认证合格，使用的密码算法、密码协议、密钥管理机制等商用密码技术应当通过国家密码管理部门审查鉴定。

第 40 条　关键信息基础设施的运营者采购涉及商用密码的网络产品和服务，可能影响国家安全的，应当依法通过国家网信部门会同国家密码管理部门等有关部门组织的国家安全审查。

第 41 条　网络运营者应当按照国家网络安全等级保护制度要求，使用商用密码保护网络安全。国家密码管理部门根据网络的安全保护等级，确定商用密码的使用、管理和应用安全性评估要求，制定网络安全等级保护密码标准规范。

第 42 条　商用密码应用安全性评估、关键信息基础设施安全检测评估、网络安全等级测评应当加强衔接，避免重复评估、测评。

2. **《关键信息基础设施安全保护条例》**（2021 年 7 月 30 日）

第 50 条　存储、处理涉及国家秘密信息的关键信息基础设施的安全保护，还应当遵守保密法律、行政法规的规定。关键信息基础设施中的密码使用和管理，还应当遵守相关法律、行政法规的规定。

● 部门规章及文件

3. **《商用密码检测机构管理办法》**（2023 年 9 月 26 日）

第 1 条　为了加强商用密码检测机构管理，规范商用密码检测活动，根据《中华人民共和国密码法》、《商用密码管理条例》等有关法律法规，制定本办法。

第 2 条　商用密码检测机构的资质认定和监督管理适用本办法。

第 3 条　从事商用密码产品检测、网络与信息系统商用密码应用安全性评估等商用密码检测活动，向社会出具具有证明作用的数据、结果的机构，应当经国家密码管理局认定，依法取得商用密码检测机构资质。

第 4 条 国家密码管理局负责全国商用密码检测机构的资质认定和监督管理。县级以上地方各级密码管理部门负责本行政区域内商用密码检测机构的监督管理。

第 5 条 商用密码检测机构应当在资质认定业务范围内从事商用密码检测活动。国家密码管理局制定并公布商用密码检测机构资质认定基本规范和商用密码检测机构资质认定业务范围。

第 6 条 取得商用密码检测机构资质，应当符合下列条件：

（一）具有法人资格；

（二）具有与从事商用密码检测活动相适应的资金；

（三）成立 2 年以上，从事网络安全检测评估领域相关工作 1 年以上，无重大违法或者不良信用记录；

（四）具有与从事商用密码检测活动相适应的场所；

（五）具有与从事商用密码检测活动相适应的设备设施；

（六）具有保证商用密码检测活动独立、公正、科学、诚信的管理体系；

（七）具有与从事商用密码检测活动相适应的专业人员；

（八）具有与从事商用密码检测活动相适应的专业能力。

外商投资企业法人申请商用密码检测机构资质，除符合上述条件外，还应当符合我国外商投资有关法律法规的规定。

第 7 条 申请商用密码检测机构资质，应当向国家密码管理局提出书面申请，向国家密码管理局委托进行受理的省、自治区、直辖市密码管理部门提交《商用密码检测机构资质申请表》及以下材料，并对其真实性负责：

（一）法人资格证书；

（二）资本结构和股权情况；

（三）无重大违法或者不良信用记录、不从事可能影响商用密码检测公平公正性活动的承诺；

（四）工作场所等固定资产产权证书或者租赁合同；

（五）工作环境和设备设施配置情况；

（六）项目管理、质量管理、人员管理、档案管理、安全保密管理等管理体系建立情况；

（七）法定代表人、最高管理者、技术负责人、质量负责人、授权签字人以及专业人员情况；

（八）申请人认为需要补充的其他材料。

受国家密码管理局委托进行受理的省、自治区、直辖市密码管理部门自收到申请材料之日起5个工作日内，对申请材料进行形式审查，根据下列情况分别作出处理：申请材料内容齐全、符合规定形式的，应当受理行政许可申请并出具受理通知书；申请材料内容不齐全或者不符合规定形式的，应当当场或者在5个工作日内一次性告知申请人需要补正的全部材料；不予受理的，应当出具不予受理通知书并说明理由。

第8条　国家密码管理局应当自行政许可申请受理之日起20个工作日内，依据商用密码检测机构资质认定基本规范的要求，对申请进行审查，并依法作出是否准予许可的书面决定。

需要对申请人进行技术评审的，技术评审所需时间不计算在本条规定的期限内。国家密码管理局应当将所需时间书面告知申请人。

第9条　国家密码管理局根据技术评审需要和专业要求，可以委托专业技术评价机构实施技术评审。

技术评审包括专业人员能力考核，场所、设备设施、管理体系建设实地查勘，检测能力考核等。

专业技术评价机构应当严格按照商用密码检测机构资质认定基本规范开展技术评审活动，对技术评审结论的真实性、符合性负责，并承担相应法律责任。国家密码管理局应当对技术评审活动进行监督，建立责任追究机制。

第10条　申请人有下列情形之一的，国家密码管理局应当终止审查：

（一）隐瞒有关情况或者提供虚假材料的；

（二）采取贿赂、请托等不正当手段，影响审查工作公平公正进行的；

（三）无正当理由拒绝接受审查的；

（四）违反商用密码检测机构从业要求的。

第11条 准予许可的，国家密码管理局向申请人颁发《商用密码检测机构资质证书》，并公布取得资质证书的商用密码检测机构名录。

有下列情形之一的，国家密码管理局应当出具不予行政许可决定书，说明理由并告知申请人相关权利：

（一）终止审查的；

（二）审查不合格的；

（三）法律法规规定的不予许可的其他情形。

第12条　《商用密码检测机构资质证书》有效期5年，内容包括：获证机构名称、统一社会信用代码、注册地址、证书编号、有效期限、资质认定业务范围、发证机关和发证日期。

《商用密码检测机构资质证书》有效期届满需要延续的，应当在有效期届满3个月前向国家密码管理局提出书面申请。国家密码管理局根据申请人的实际情况，采取书面或者现场形式开展审查，在《商用密码检测机构资质证书》有效期届满前作出是否准予延续的决定。

禁止转让、出租、出借、伪造、变造、冒用、租借《商用密码检测机构资质证书》。

第13条　有下列情形之一的，商用密码检测机构应当自变更之日起30日内向国家密码管理局申请办理变更手续：

（一）机构名称、注册地址、法人性质发生变更的；

（二）法定代表人、最高管理者、技术负责人、质量负责人、授权签字人发生变更的；

（三）资质认定业务范围发生变更的；

（四）依法需要办理变更的其他事项。

商用密码检测机构发生变更的事项影响其符合资质认定条件和要求的，国家密码管理局根据申请人的实际情况，采取书面或者现场形式开展审查。需要进行技术评审的，依照本办法第九条规定对其开展技术评审。

第 14 条　商用密码检测机构有下列情形之一的，国家密码管理局应当依法注销其商用密码检测机构资质：

（一）《商用密码检测机构资质证书》有效期届满，未申请延续或者依法不予延续批准的；

（二）申请注销商用密码检测机构资质的；

（三）被依法撤销、吊销商用密码检测机构资质的；

（四）依法终止的；

（五）因法人性质变更、改制、分立或者合并等原因发生变化，或者发生其他影响其符合资质认定条件和要求的变更事项，经审查发现不符合资质认定条件和要求的；

（六）资质认定业务范围被全部取消的；

（七）法律法规规定的应当注销商用密码检测机构资质的其他情形。

第 15 条　商用密码检测机构及相关从业人员应当按照法律、行政法规和商用密码检测技术规范、规则，在批准范围内独立、公正、科学、诚信地开展商用密码检测，对出具的检测数据、结果负责，尊重知识产权，恪守职业道德，承担社会责任，保守在工作中知悉的国家秘密、商业秘密和个人隐私。

第 16 条　商用密码检测机构应当保证其基本条件和技术能力能够持续符合资质认定条件和要求，并确保管理体系有效运行。

第 17 条　商用密码检测机构应当遵守以下从业要求：

（一）加强对本机构人员的监督管理，经常性组织开展安全保密教育和业务培训；本机构从事检测活动的专业人员每年接受商用密码教育培训的时长不得少于 40 学时，相关情况应当记录留存；

（二）本机构及关联方不得从事商用密码产品生产、销售（检测工具除外），信息系统或者商用密码保障系统集成、运营，电子认证服务，电子政务电子认证服务，或者其他可能影响商用密码检测公平公正性的活动；

（三）不得同时聘用正在其他商用密码检测机构从业的人员，或者存在其他恶意竞争、扰乱市场秩序的情形；

（四）不得以单独出租设备设施或者委派人员等方式承担业务，所承担的业务不得分包、转包；

（五）不得以任何方式推荐或者限定被检测单位购买使用特定主体生产或者提供的商用密码产品或者服务；

（六）独立于出具的检测数据、结果、报告所涉及的利益相关各方，不受任何可能干扰技术判断因素的影响；

（七）使用符合国家密码管理要求的设备设施；

（八）法律法规和国家有关规定提出的其他从业要求。

第 18 条　商用密码检测机构出具的检测报告，应当符合相关国家标准、行业标准和有关规定的要求，保证内容真实、客观、准确、完整。商用密码检测机构对其出具的检测报告负责，并承担相应的法律责任。

商用密码检测机构应当指定授权签字人在其业务能力范围内签字确认本机构出具的检测报告，并加盖机构公章或者专用章。授权签字人应当系统掌握商用密码管理政策和专业知识，具备密码或者网络安全领域高级技术职称或者同等专业水平。

第 19 条　商用密码检测机构应当对检测原始记录和检测报

告归档留存，保证其具有可追溯性。检测原始记录和检测报告的保存期限不得少于 6 年。

从事商用密码产品检测的商用密码检测机构应当按照相关标准规范的要求，对检测样品和相关数据信息进行妥善管理。商用密码检测机构资质被注销的，应当对检测样品和相关数据信息进行妥善处理。

第 20 条　商用密码检测机构应当于每年 1 月 15 日前通过所在地省、自治区、直辖市密码管理部门向国家密码管理局报送上一年度工作报告以及相关统计数据，包括持续符合资质认定条件和要求、遵守从业规范、开展检测活动、实施标准等情况。

第 21 条　商用密码检测机构不得有以下出具虚假或者失实检测数据、结果、报告的行为：

（一）未经检测，直接出具检测数据、结果、报告的；

（二）篡改、编造原始数据、记录，出具检测数据、结果、报告的；

（三）伪造检测报告和原始记录签名，或者非授权签字人签发检测报告的；

（四）漏检关键项目、干扰检测过程或者改动关键项目的检测方法，造成检测数据、结果、报告失实的；

（五）其他出具虚假或者失实检测数据、结果、报告的行为。

第 22 条　密码管理部门对商用密码检测机构依法开展监督检查，可以行使下列职权：

（一）进入检测活动场所实施现场检查；

（二）向商用密码检测机构、委托人等有关单位及人员调查、了解有关情况或者验证相关检测活动；

（三）查阅、复制有关合同、票据、账簿以及检测活动中形成的检测数据、结果、报告等有关材料。

国家密码管理局根据工作需要，可以行使下列职权：

（一）组织商用密码检测机构检测能力验证；

（二）对商用密码检测机构出具的检测数据、结果、报告等有关材料进行抽样检查。

密码管理部门和有关部门及其工作人员不得要求商用密码科研、生产、销售、服务、进出口等单位和商用密码检测、认证机构向其披露源代码等密码相关专有信息，并对其在履行职责中知悉的商业秘密和个人隐私严格保密，不得泄露或者非法向他人提供。

第23条　商用密码检测机构应当积极配合密码管理部门的监督检查，按照要求参加检测能力验证和抽样检查，并如实提供相关材料和信息。检测能力验证或者抽样检查结果不合格的，应当开展为期不少于6个月的整改，整改期间不得开展相应业务范围的商用密码检测活动。商用密码检测机构整改结束后，应当经国家密码管理局组织验收合格，方可恢复开展相应业务范围的商用密码检测活动；经整改仍不能满足相应业务范围的资质认定条件和要求的，取消其相应业务范围的资质认定，直至注销其商用密码检测机构资质。

第24条　以欺骗、贿赂等不正当手段取得商用密码检测机构资质的，国家密码管理局应当依法撤销商用密码检测机构资质。该机构在3年内不得再次申请商用密码检测机构资质。

申请商用密码检测机构资质时隐瞒有关情况或者提供虚假材料的，国家密码管理局不予受理或者不予许可。该机构在1年内不得再次申请商用密码检测机构资质。

第25条　商用密码检测机构违反《中华人民共和国密码法》、《商用密码管理条例》和本办法规定，有下列情形之一的，由密码管理部门责令改正或者停止违法行为，给予警告，没收违法所得；违法所得30万元以上的，可以并处违法所得1倍以上3倍以下罚款；没有违法所得或者违法所得不足30万元的，可以并处 10 万元以上 30 万元以下罚款；情节严重的，由国家密码管理局吊销其商用密码检测机构资质：

（一）超出批准范围开展商用密码检测的；

（二）转让、出租、出借、伪造、变造、冒用、租借《商用密码检测机构资质证书》的；

（三）本机构及关联方从事商用密码产品生产、销售（检测工具除外），信息系统或者商用密码保障系统集成、运营，电子认证服务，电子政务电子认证服务，或者其他可能影响商用密码检测公平公正性的活动的；

（四）同时聘用正在其他商用密码检测机构从业的人员或者存在其他恶意竞争、扰乱市场秩序情形的；

（五）以单独出租设备设施或者委派人员等方式承担业务，或者分包、转包所承担业务的；

（六）推荐或者限定被检测单位购买使用特定主体生产或者提供的商用密码产品或者服务的；

（七）违反法律、行政法规和商用密码检测技术规范、规则要求开展检测活动或者存在其他影响检测独立、公正、科学、诚信的行为的；

（八）出具的检测数据、结果、报告虚假或者失实的；

（九）未按照要求如实报送年度工作报告以及相关统计数据的；

（十）泄露在工作中知悉的商业秘密、个人隐私的。

第 26 条 商用密码检测机构违反本办法规定，有下列情形之一的，由密码管理部门责令改正；逾期未改正或者改正后仍不符合要求的，处 1 万元以上 10 万元以下罚款：

（一）未按照要求申请办理变更手续的；

（二）未按照要求开展安全保密教育和业务培训的；

（三）使用不符合国家密码管理要求的设备设施的；

（四）出具未经授权签字人签字确认的检测报告，授权签字人超出其业务能力范围签发检测报告，或者未在检测报告上加盖机构公章或者专用章的；

（五）未按照要求保存检测原始记录和检测报告，或者未按照要求妥善管理检测样品和相关数据信息的。

第 27 条　县级以上地方各级密码管理部门应当依法公开监督检查结果，将商用密码检测机构受到的行政处罚等信息纳入国家企业信用信息公示系统等平台，并定期将年度商用密码检测机构监督检查结果等信息逐级报至国家密码管理局。

第 28 条　从事商用密码检测机构监督管理工作的人员滥用职权、玩忽职守、徇私舞弊，或者泄露、非法向他人提供在履行职责中知悉的商业秘密、个人隐私、举报人信息的，依法给予处分。

第 29 条　本办法自 2023 年 11 月 1 日起施行。

4.《商用密码应用安全性评估管理办法》（2023 年 9 月 26 日）

第 1 条　为了规范商用密码应用安全性评估工作，保障网络与信息安全，维护国家安全和社会公共利益，保护公民、法人和其他组织的合法权益，根据《中华人民共和国密码法》、《商用密码管理条例》等有关法律法规，制定本办法。

第 2 条　本办法所称商用密码应用安全性评估，是指按照有关法律法规和标准规范，对网络与信息系统使用商用密码技术、产品和服务的合规性、正确性、有效性进行检测分析和评估验证的活动。

第 3 条　国家密码管理局负责管理全国的商用密码应用安全性评估工作。县级以上地方各级密码管理部门负责管理本行政区域的商用密码应用安全性评估工作。

国家机关和涉及商用密码工作的单位在其职责范围内负责指导、监督本机关、本单位或者本系统的商用密码应用安全性评估工作。

第4条 从事商用密码应用安全性评估活动，向社会出具具有证明作用的商用密码应用安全性评估数据、结果的机构，应当经国家密码管理局认定，依法取得商用密码检测机构资质。

第5条 国家密码管理局支持商用密码应用安全性评估技术、标准、工具创新，完善商用密码应用安全性评估标准体系，鼓励设立商用密码应用安全性评估行业组织，加强行业自律，维护行业秩序。

第6条 法律、行政法规和国家有关规定要求使用商用密码进行保护的网络与信息系统（以下简称重要网络与信息系统），其运营者应当使用商用密码进行保护，制定商用密码应用方案，配备必要的资金和专业人员，同步规划、同步建设、同步运行商用密码保障系统，并定期开展商用密码应用安全性评估。

第7条 重要网络与信息系统规划阶段，其运营者应当依照相关法律法规和标准规范，根据商用密码应用需求，制定商用密码应用方案，规划商用密码保障系统。

重要网络与信息系统的运营者应当自行或者委托商用密码检测机构对商用密码应用方案进行商用密码应用安全性评估。商用密码应用方案未通过商用密码应用安全性评估的，不得作为商用密码保障系统的建设依据。

第8条 重要网络与信息系统建设阶段，其运营者应当按照通过商用密码应用安全性评估的商用密码应用方案组织实施，落实商用密码安全防护措施，建设商用密码保障系统。

重要网络与信息系统运行前，其运营者应当自行或者委托商用密码检测机构开展商用密码应用安全性评估。网络与信息系统未通过商用密码应用安全性评估的，运营者应当进行改造，改造期间不得投入运行。

第9条 重要网络与信息系统建成运行后，其运营者应当自行或者委托商用密码检测机构每年至少开展一次商用密码应用安全性评估，确保商用密码保障系统正确有效运行。未通过商用密码应用安全性评估的，运营者应当进行改造，并在改造期间采取必要措施保证网络与信息系统运行安全。

第10条 对商用密码应用方案开展商用密码应用安全性评估，应当包括以下内容：

（一）考量商用密码应用需求的全面性、合理性和针对性，对照相关标准规范选取适用指标的准确性，以及不适用指标论证的充分性；

（二）分析商用密码应用流程和机制是否具备可实施性、商用密码保护措施是否达到相应的商用密码应用要求、相关描述是否详尽；

（三）论证商用密码技术、产品和服务选用的合规性，密钥管理的安全性，以及使用商用密码解决安全风险的科学性；

（四）编制形成商用密码应用安全性评估报告。

第11条 对建设完成的网络与信息系统开展商用密码应用安全性评估，应当包括以下内容：

（一）对照商用密码应用方案，了解网络与信息系统基本情况，准确划定评估范围；

（二）确定评估指标及评估对象，论证编制商用密码应用安全性评估实施方案；

（三）依据商用密码应用安全性评估实施方案，开展现场评估，做好数据采集和信息汇总，研判商用密码保障系统配置及运行情况；

（四）根据客观凭据逐项对评估指标进行判定，编制形成商用密码应用安全性评估报告。

第12条 运营者开展商用密码应用安全性评估活动，应当遵守法律法规、标准规范要求，遵循客观实际、科学公正、诚实信用原则。委托商用密码检测机构开展商用密码应用安全性评估的，不得对评估结果施加不当影响，并应当提供以下支持：

（一）对网络与信息系统的重要数据进行备份；

（二）提供完整有效的网络与信息系统设备清单和网络拓扑；

（三）提供详细的网络与信息系统商用密码应用方案、密码相关管理制度和密码配置、运行、维护记录；

（四）提供商用密码产品管理入口、网络交换设备接入端口等相关信息、数据接入分析条件，并配合进行数据采集；

（五）安排网络与信息系统相关网络管理员、系统管理员、密钥管理员、密码安全审计员、密码操作员等做好配合；

（六）其他需要配合的事项。

第13条 自行开展商用密码应用安全性评估的网络与信息系统，其运营者应当符合以下要求：

（一）具有与开展商用密码应用安全性评估活动相适应的设备设施；

（二）具有与开展商用密码应用安全性评估活动相适应的项目管理、质量管理、人员管理、档案管理、安全保密管理等规章制度；

（三）具有与开展商用密码应用安全性评估活动相适应的专业人员；

（四）具有与开展商用密码应用安全性评估活动相适应的专业能力。

自行开展商用密码应用安全性评估形成的商用密码应用安全性评估报告，应当符合相关国家标准、行业标准和有关规定的要求，由本单位密码或者网络安全负责人签字确认并加盖本单位公章。

运营者应当对商用密码应用安全性评估原始记录和商用密码应用安全性评估报告归档留存，保证其具有可追溯性。商用密码应用安全性评估原始记录和商用密码应用安全性评估报告的保存期限不得少于6年。

第14条 重要网络与信息系统的运营者应当在商用密码应用安全性评估报告形成后30日内，将评估报告和相关工作情况按照国家有关规定报送国家密码管理局或者网络与信息系统所在地省、自治区、直辖市密码管理部门备案。

国家密码管理局或者省、自治区、直辖市密码管理部门对商用密码应用安全性评估结果备案材料进行形式审查。形式审查未通过的，相关运营者应当重新提交备案材料。

国家密码管理局可以对商用密码应用安全性评估结果进行抽样检查。抽样检查不合格的，相关运营者应当重新开展商用密码应用安全性评估。

省、自治区、直辖市密码管理部门应当按季度向国家密码管理局报送本地区商用密码应用安全性评估工作开展情况。

第15条 运营者发现密码相关重大安全事件、重大密码安全隐患或者特殊紧急情况的，应当及时向国家密码管理局或者网络与信息系统所在地省、自治区、直辖市密码管理部门报告，并启动应急处置方案，必要时开展商用密码应用安全性评估。

第16条 县级以上地方各级密码管理部门、国家机关和涉及商用密码工作的单位可以根据工作需要，对本地区、本机关、本单位或者本系统的重要网络与信息系统商用密码应用安全性评估情况开展专项检查。

第17条 重要网络与信息系统的运营者违反《中华人民共和国密码法》、《商用密码管理条例》和本办法规定，有下列情形之一的，由密码管理部门责令改正，给予警告；拒不改正或者有其他严重情节的，处10万元以上100万元以下罚款，对直接负责的主管人员处1万元以上10万元以下罚款：

（一）重要网络与信息系统规划阶段，未对商用密码应用方案进行商用密码应用安全性评估的；

（二）重要网络与信息系统建设阶段，未按照通过商用密码应用安全性评估的商用密码应用方案建设商用密码保障系统的；

（三）重要网络与信息系统运行前，未开展商用密码应用安全性评估的；

（四）重要网络与信息系统运行前，未通过商用密码应用安全性评估且未进行改造的；

（五）重要网络与信息系统建成运行后，未定期开展商用密码应用安全性评估的；

（六）重要网络与信息系统建成运行后，未通过定期开展的商用密码应用安全性评估且未进行改造的；

（七）违反法律法规、标准规范要求开展商用密码应用安全性评估的；

（八）不符合相关要求自行开展商用密码应用安全性评估的。

第18条　重要网络与信息系统的运营者违反本办法规定，有下列情形之一的，由密码管理部门责令改正；逾期未改正或者改正后仍不符合要求的，处1万元以上10万元以下罚款，对直接负责的主管人员处5000元以上5万元以下罚款：

（一）对商用密码应用安全性评估结果施加不当影响的；

（二）未为商用密码应用安全性评估活动提供必要支持的；

（三）未按照要求进行商用密码应用安全性评估结果备案的。

第19条　从事商用密码应用安全性评估监督管理工作的人员滥用职权、玩忽职守、徇私舞弊，或者泄露、非法向他人提供在履行职责中知悉的商业秘密、个人隐私、举报人信息的，依法给予处分。

第20条　本办法施行前正在建设的重要网络与信息系统，其运营者应当加强商用密码应用方案编制论证，建设完善商用密码保障系统，并按照本办法第八条规定开展商用密码应用安全性评估。

本办法施行前已经投入运行的重要网络与信息系统，其运营者应当按照本办法第九条规定开展商用密码应用安全性评估。

第 21 条　本办法自 2023 年 11 月 1 日起施行。

附件：（略）

> **第二十八条　进口许可和出口管制**
>
> 国务院商务主管部门、国家密码管理部门依法对涉及国家安全、社会公共利益且具有加密保护功能的商用密码实施进口许可，对涉及国家安全、社会公共利益或者中国承担国际义务的商用密码实施出口管制。商用密码进口许可清单和出口管制清单由国务院商务主管部门会同国家密码管理部门和海关总署制定并公布。
>
> 大众消费类产品所采用的商用密码不实行进口许可和出口管制制度。

● **行政法规及文件**

《商用密码管理条例》（2023 年 4 月 27 日）

第 31 条　涉及国家安全、社会公共利益且具有加密保护功能的商用密码，列入商用密码进口许可清单，实施进口许可。涉及国家安全、社会公共利益或者中国承担国际义务的商用密码，列入商用密码出口管制清单，实施出口管制。

商用密码进口许可清单和商用密码出口管制清单由国务院商务主管部门会同国家密码管理部门和海关总署制定并公布。

大众消费类产品所采用的商用密码不实行进口许可和出口管制制度。

第 32 条　进口商用密码进口许可清单中的商用密码或者出口商用密码出口管制清单中的商用密码，应当向国务院商务主管部门申请领取进出口许可证。

商用密码的过境、转运、通运、再出口，在境外与综合保税区等海关特殊监管区域之间进出，或者在境外与出口监管仓库、保税物流中心等保税监管场所之间进出的，适用前款规定。

第33条　进口商用密码进口许可清单中的商用密码或者出口商用密码出口管制清单中的商用密码时，应当向海关交验进出口许可证，并按照国家有关规定办理报关手续。

进出口经营者未向海关交验进出口许可证，海关有证据表明进出口产品可能属于商用密码进口许可清单或者出口管制清单范围的，应当向进出口经营者提出质疑；海关可以向国务院商务主管部门提出组织鉴别，并根据国务院商务主管部门会同国家密码管理部门作出的鉴别结论依法处置。在鉴别或者质疑期间，海关对进出口产品不予放行。

第34条　申请商用密码进出口许可，应当向国务院商务主管部门提出书面申请，并提交下列材料：

（一）申请人的法定代表人、主要经营管理人以及经办人的身份证明；

（二）合同或者协议的副本；

（三）商用密码的技术说明；

（四）最终用户和最终用途证明；

（五）国务院商务主管部门规定提交的其他文件。

国务院商务主管部门应当自受理申请之日起45个工作日内，会同国家密码管理部门对申请进行审查，并依法作出是否准予许可的决定。

对国家安全、社会公共利益或者外交政策有重大影响的商用密码出口，由国务院商务主管部门会同国家密码管理部门等有关部门报国务院批准。报国务院批准的，不受前款规定时限的限制。

第二十九条　电子政务电子认证服务

国家密码管理部门对采用商用密码技术从事电子政务电子认证服务的机构进行认定，会同有关部门负责政务活动中使用电子签名、数据电文的管理。

● 法　律

1. 《电子签名法》（2019年4月23日）

　　第17条　提供电子认证服务，应当具备下列条件：

　　（一）取得企业法人资格；

　　（二）具有与提供电子认证服务相适应的专业技术人员和管理人员；

　　（三）具有与提供电子认证服务相适应的资金和经营场所；

　　（四）具有符合国家安全标准的技术和设备；

　　（五）具有国家密码管理机构同意使用密码的证明文件；

　　（六）法律、行政法规规定的其他条件。

● 行政法规及文件

2. 《商用密码管理条例》（2023年4月27日）

　　第22条　采用商用密码技术提供电子认证服务，应当具有与使用密码相适应的场所、设备设施、专业人员、专业能力和管理体系，依法取得国家密码管理部门同意使用密码的证明文件。

　　第23条　电子认证服务机构应当按照法律、行政法规和电子认证服务密码使用技术规范、规则，使用密码提供电子认证服务，保证其电子认证服务密码使用持续符合要求。

　　电子认证服务密码使用技术规范、规则由国家密码管理部门制定并公布。

　　第24条　采用商用密码技术从事电子政务电子认证服务的机构，应当经国家密码管理部门认定，依法取得电子政务电子认证服务机构资质。

第 25 条　取得电子政务电子认证服务机构资质，应当符合下列条件：

（一）具有企业法人或者事业单位法人资格；

（二）具有与从事电子政务电子认证服务活动及其使用密码相适应的资金、场所、设备设施和专业人员；

（三）具有为政务活动提供长期电子政务电子认证服务的能力；

（四）具有保证电子政务电子认证服务活动及其使用密码安全运行的管理体系。

第 26 条　申请电子政务电子认证服务机构资质，应当向国家密码管理部门提出书面申请，并提交符合本条例第二十五条规定条件的材料。

国家密码管理部门应当自受理申请之日起 20 个工作日内，对申请进行审查，并依法作出是否准予认定的决定。

需要对申请人进行技术评审的，技术评审所需时间不计算在本条规定的期限内。国家密码管理部门应当将所需时间书面告知申请人。

第 27 条　外商投资电子政务电子认证服务，影响或者可能影响国家安全的，应当依法进行外商投资安全审查。

第 28 条　电子政务电子认证服务机构应当按照法律、行政法规和电子政务电子认证服务技术规范、规则，在批准范围内提供电子政务电子认证服务，并定期向主要办事机构所在地省、自治区、直辖市密码管理部门报送服务实施情况。

电子政务电子认证服务技术规范、规则由国家密码管理部门制定并公布。

第 29 条　国家建立统一的电子认证信任机制。国家密码管理部门负责电子认证信任源的规划和管理，会同有关部门推动电子认证服务互信互认。

第30条　密码管理部门会同有关部门负责政务活动中使用电子签名、数据电文的管理。

政务活动中电子签名、电子印章、电子证照等涉及的电子认证服务，应当由依法设立的电子政务电子认证服务机构提供。

● 部门规章及文件

3.《电子认证服务密码管理办法》（2017年12月1日）

第1条　为了规范电子认证服务提供者使用密码的行为，根据《中华人民共和国电子签名法》、《商用密码管理条例》和相关法律、行政法规的规定，制定本办法。

第2条　国家密码管理局对电子认证服务提供者使用密码的行为实施监督管理。

省、自治区、直辖市密码管理机构依据本办法承担有关监督管理工作。

第3条　提供电子认证服务，应当依据本办法申请《电子认证服务使用密码许可证》。

第4条　采用密码技术为社会公众提供第三方电子认证服务的系统（以下称电子认证服务系统）使用商用密码。

电子认证服务系统应当由具有商用密码产品生产和密码服务能力的单位承建。

第5条　电子认证服务系统的建设和运行应当符合《证书认证系统密码及其相关安全技术规范》。

第6条　电子认证服务系统所需密钥服务由国家密码管理局和省、自治区、直辖市密码管理机构规划的密钥管理系统提供。

第7条　申请《电子认证服务使用密码许可证》应当在电子认证服务系统建设完成后，向所在地的省、自治区、直辖市密码管理机构或者国家密码管理局提交下列材料：

（一）《电子认证服务使用密码许可证申请表》；

（二）企业法人营业执照复印件；

（三）电子认证服务系统安全性审查相关技术材料，包括建设工作总结报告、技术工作总结报告、安全性设计报告、安全管理策略和规范报告、用户手册和测试说明；

（四）电子认证服务系统互联互通测试相关技术材料；

（五）电子认证服务系统使用的信息安全产品符合有关法律规定的证明文件。

第 8 条　申请人提交的申请材料齐全并且符合规定形式的，省、自治区、直辖市密码管理机构或者国家密码管理局应当受理并发给《受理通知书》；申请材料不齐全或者不符合规定形式的，省、自治区、直辖市密码管理机构或者国家密码管理局应当当场或者在 5 个工作日内一次告知需要补正的全部内容。不予受理的，应当书面通知并说明理由。

申请材料由省、自治区、直辖市密码管理机构受理的，省、自治区、直辖市密码管理机构应当自受理申请之日起 5 个工作日内将全部申请材料报送国家密码管理局。

第 9 条　国家密码管理局应当自省、自治区、直辖市密码管理机构或者国家密码管理局受理申请之日起 20 个工作日内对申请人提交的申请材料进行审查，组织对电子认证服务系统进行安全性审查和互联互通测试，并将安全性审查和互联互通测试所需时间书面通知申请人。

电子认证服务系统通过安全性审查和互联互通测试的，由国家密码管理局发给《电子认证服务使用密码许可证》并予以公布；未通过安全性审查或者互联互通测试的，不予许可，书面通知申请人并说明理由。

安全性审查和互联互通测试所需时间不计算在本办法所设定的期限内。

第 10 条　《电子认证服务使用密码许可证》载明下列内容：

（一）许可证编号；

（二）电子认证服务提供者名称；

（三）许可证有效期限；

（四）发证机关和发证日期。

《电子认证服务使用密码许可证》有效期为5年。

第11条　电子认证服务提供者变更名称的，应当自变更之日起30日内，持变更证明文件到所在地的省、自治区、直辖市密码管理机构办理《电子认证服务使用密码许可证》更换手续。

电子认证服务提供者变更住所、法定代表人的，应当自变更之日起30日内，持变更证明文件到所在地的省、自治区、直辖市密码管理机构备案。

第12条　《电子认证服务使用密码许可证》有效期满需要延续的，应当在许可证有效期届满30日前向国家密码管理局提出申请。国家密码管理局根据申请，在许可证有效期满前作出是否准予延续的决定。

第13条　电子认证服务提供者终止电子认证服务或者《电子认证服务许可证》被吊销的，原持有的《电子认证服务使用密码许可证》自行失效。

第14条　电子认证服务提供者对其电子认证服务系统进行技术改造或者进行系统搬迁的，应当将有关情况书面报国家密码管理局，经国家密码管理局同意后方可继续运行。必要时，国家密码管理局可以组织对电子认证服务系统进行安全性审查和互联互通测试。

第15条　国家密码管理局和省、自治区、直辖市密码管理机构对电子认证服务提供者使用密码的情况进行监督检查。监督检查采取书面审查和现场核查相结合的方式。

监督检查发现存在不符合许可条件的情形的，限期整改；限期整改后仍不符合许可条件的，由国家密码管理局撤销其《电子认证服务使用密码许可证》，通报国务院信息产业主管部门并予以公布。

第16条　有下列情形之一的，由国家密码管理局责令改正；情节严重的，吊销《电子认证服务使用密码许可证》，通报国务院信息产业主管部门并予以公布：

（一）电子认证服务系统的运行不符合《证书认证系统密码及其相关安全技术规范》的；

（二）电子认证服务系统使用本办法第六条规定以外的密钥管理系统提供的密钥开展业务的；

（三）对电子认证服务系统进行技术改造或者进行系统搬迁，未按照本办法第十四条规定办理的。

第17条　国家密码管理局和省、自治区、直辖市密码管理机构的工作人员在电子认证服务密码管理工作中滥用职权、玩忽职守、徇私舞弊的，依法给予行政处分；构成犯罪的，依法追究刑事责任。

第18条　《电子认证服务使用密码许可证申请表》由国家密码管理局统一印制。

第19条　本办法施行前已经取得《电子认证服务使用密码许可证》的电子认证服务提供者，应当自本办法施行之日起3个月内到所在地的省、自治区、直辖市密码管理机构办理《电子认证服务使用密码许可证》的换证手续。

第20条　本办法自2009年12月1日起施行。2005年3月31日国家密码管理局发布的《电子认证服务密码管理办法》同时废止。

4.《电子公文归档管理暂行办法》（2018年12月14日）

第1条　为了规范电子认证服务提供者使用密码的行为，根据《中华人民共和国电子签名法》、《商用密码管理条例》和相关法律、行政法规的规定，制定本办法。

第2条　国家密码管理局对电子认证服务提供者使用密码的

行为实施监督管理。

省、自治区、直辖市密码管理机构依据本办法承担有关监督管理工作。

第3条　提供电子认证服务，应当依据本办法申请《电子认证服务使用密码许可证》。

第4条　采用密码技术为社会公众提供第三方电子认证服务的系统（以下称电子认证服务系统）使用商用密码。

电子认证服务系统应当由具有商用密码产品生产和密码服务能力的单位承建。

第5条　电子认证服务系统的建设和运行应当符合《证书认证系统密码及其相关安全技术规范》。

第6条　电子认证服务系统所需密钥服务由国家密码管理局和省、自治区、直辖市密码管理机构规划的密钥管理系统提供。

第7条　申请《电子认证服务使用密码许可证》应当在电子认证服务系统建设完成后，向所在地的省、自治区、直辖市密码管理机构或者国家密码管理局提交下列材料：

（一）《电子认证服务使用密码许可证申请表》；

（二）企业法人营业执照复印件；

（三）电子认证服务系统安全性审查相关技术材料，包括建设工作总结报告、技术工作总结报告、安全性设计报告、安全管理策略和规范报告、用户手册和测试说明；

（四）电子认证服务系统互联互通测试相关技术材料；

（五）电子认证服务系统使用的信息安全产品符合有关法律规定的证明文件。

第8条　申请人提交的申请材料齐全并且符合规定形式的，省、自治区、直辖市密码管理机构或者国家密码管理局应当受理并发给《受理通知书》；申请材料不齐全或者不符合规定形式的，省、自治区、直辖市密码管理机构或者国家密码管理局应当当场或者在 5 个工作日内一次告知需要补正的全部内容。不予受理的，应当书面通知并说明理由。

申请材料由省、自治区、直辖市密码管理机构受理的，省、自治区、直辖市密码管理机构应当自受理申请之日起 5 个工作日内将全部申请材料报送国家密码管理局。

第 9 条　国家密码管理局应当自省、自治区、直辖市密码管理机构或者国家密码管理局受理申请之日起 20 个工作日内对申请人提交的申请材料进行审查，组织对电子认证服务系统进行安全性审查和互联互通测试，并将安全性审查和互联互通测试所需时间书面通知申请人。

电子认证服务系统通过安全性审查和互联互通测试的，由国家密码管理局发给《电子认证服务使用密码许可证》并予以公布；未通过安全性审查或者互联互通测试的，不予许可，书面通知申请人并说明理由。

安全性审查和互联互通测试所需时间不计算在本办法所设定的期限内。

第 10 条　《电子认证服务使用密码许可证》载明下列内容：

（一）许可证编号；

（二）电子认证服务提供者名称；

（三）许可证有效期限；

（四）发证机关和发证日期。

《电子认证服务使用密码许可证》有效期为 5 年。

第 11 条　电子认证服务提供者变更名称的，应当自变更之日起 30 日内，持变更证明文件到所在地的省、自治区、直辖市密码管理机构办理《电子认证服务使用密码许可证》更换手续。

电子认证服务提供者变更住所、法定代表人的，应当自变更之日起 30 日内，持变更证明文件到所在地的省、自治区、直辖市密码管理机构备案。

第 12 条 《电子认证服务使用密码许可证》有效期满需要延续的，应当在许可证有效期届满 30 日前向国家密码管理局提出申请。国家密码管理局根据申请，在许可证有效期满前作出是否准予延续的决定。

第 13 条 电子认证服务提供者终止电子认证服务或者《电子认证服务许可证》被吊销的，原持有的《电子认证服务使用密码许可证》自行失效。

第 14 条 电子认证服务提供者对其电子认证服务系统进行技术改造或者进行系统搬迁的，应当将有关情况书面报国家密码管理局，经国家密码管理局同意后方可继续运行。必要时，国家密码管理局可以组织对电子认证服务系统进行安全性审查和互联互通测试。

第 15 条 国家密码管理局和省、自治区、直辖市密码管理机构对电子认证服务提供者使用密码的情况进行监督检查。监督检查采取书面审查和现场核查相结合的方式。

监督检查发现存在不符合许可条件的情形的，限期整改；限期整改后仍不符合许可条件的，由国家密码管理局撤销其《电子认证服务使用密码许可证》，通报国务院信息产业主管部门并予以公布。

第 16 条 有下列情形之一的，由国家密码管理局责令改正；情节严重的，吊销《电子认证服务使用密码许可证》，通报国务院信息产业主管部门并予以公布：

（一）电子认证服务系统的运行不符合《证书认证系统密码及其相关安全技术规范》的；

（二）电子认证服务系统使用本办法第六条规定以外的密钥管理系统提供的密钥开展业务的；

（三）对电子认证服务系统进行技术改造或者进行系统搬迁，未按照本办法第十四条规定办理的。

第17条　国家密码管理局和省、自治区、直辖市密码管理机构的工作人员在电子认证服务密码管理工作中滥用职权、玩忽职守、徇私舞弊的，依法给予行政处分；构成犯罪的，依法追究刑事责任。

第18条　《电子认证服务使用密码许可证申请表》由国家密码管理局统一印制。

第19条　本办法施行前已经取得《电子认证服务使用密码许可证》的电子认证服务提供者，应当自本办法施行之日起3个月内到所在地的省、自治区、直辖市密码管理机构办理《电子认证服务使用密码许可证》的换证手续。

第20条　本办法自2009年12月1日起施行。2005年3月31日国家密码管理局发布的《电子认证服务密码管理办法》同时废止。

第三十条　行业协会

商用密码领域的行业协会等组织依照法律、行政法规及其章程的规定，为商用密码从业单位提供信息、技术、培训等服务，引导和督促商用密码从业单位依法开展商用密码活动，加强行业自律，推动行业诚信建设，促进行业健康发展。

第三十一条　事后监管制度

密码管理部门和有关部门建立日常监管和随机抽查相结合的商用密码事中事后监管制度，建立统一的商用密码监督管理信息平台，推进事中事后监管与社会信用体系相衔接，强化商用密码从业单位自律和社会监督。

密码管理部门和有关部门及其工作人员不得要求商用密码从业单位和商用密码检测、认证机构向其披露源代码等密码相关专有信息，并对其在履行职责中知悉的商业秘密和个人隐私严格保密，不得泄露或者非法向他人提供。

● 行政法规及文件

《商用密码管理条例》（2023年4月27日）

第43条 密码管理部门依法组织对商用密码活动进行监督检查，对国家机关和涉及商用密码工作的单位的商用密码相关工作进行指导和监督。

第44条 密码管理部门和有关部门建立商用密码监督管理协作机制，加强商用密码监督、检查、指导等工作的协调配合。

第45条 密码管理部门和有关部门依法开展商用密码监督检查，可以行使下列职权：

（一）进入商用密码活动场所实施现场检查；

（二）向当事人的法定代表人、主要负责人和其他有关人员调查、了解有关情况；

（三）查阅、复制有关合同、票据、账簿以及其他有关资料。

第46条 密码管理部门和有关部门推进商用密码监督管理与社会信用体系相衔接，依法建立推行商用密码经营主体信用记录、信用分级分类监管、失信惩戒以及信用修复等机制。

第47条 商用密码检测、认证机构和电子政务电子认证服务机构及其工作人员，应当对其在商用密码活动中所知悉的国家秘密和商业秘密承担保密义务。

密码管理部门和有关部门及其工作人员不得要求商用密码科研、生产、销售、服务、进出口等单位和商用密码检测、认证机构向其披露源代码等密码相关专有信息，并对其在履行职责中知悉的商业秘密和个人隐私严格保密，不得泄露或者非法向他人提供。

第48条 密码管理部门和有关部门依法开展商用密码监督

管理，相关单位和人员应当予以配合，任何单位和个人不得非法干预和阻挠。

第49条　任何单位或者个人有权向密码管理部门和有关部门举报违反本条例的行为。密码管理部门和有关部门接到举报，应当及时核实、处理，并为举报人保密。

第63条　无正当理由拒不接受、不配合或者干预、阻挠密码管理部门、有关部门的商用密码监督管理的，由密码管理部门、有关部门责令改正，给予警告；拒不改正或者有其他严重情节的，处5万元以上50万元以下罚款，对直接负责的主管人员和其他直接责任人员处1万元以上10万元以下罚款；情节特别严重的，责令停业整顿，直至吊销商用密码许可证件。

第四章　法　律　责　任

第三十二条　违法利用密码的法律责任

违反本法第十二条规定，窃取他人加密保护的信息，非法侵入他人的密码保障系统，或者利用密码从事危害国家安全、社会公共利益、他人合法权益等违法活动的，由有关部门依照《中华人民共和国网络安全法》和其他有关法律、行政法规的规定追究法律责任。

● 行政法规及文件

《商用密码管理条例》（2023年4月27日）

第59条　窃取他人加密保护的信息，非法侵入他人的商用密码保障系统，或者利用商用密码从事危害国家安全、社会公共利益、他人合法权益等违法活动的，由有关部门依照《中华人民共和国网络安全法》和其他有关法律、行政法规的规定追究法律责任。

第三十三条　未按要求使用核心密码、普通密码的责任

违反本法第十四条规定，未按照要求使用核心密码、普通密码的，由密码管理部门责令改正或者停止违法行为，给予警告；情节严重的，由密码管理部门建议有关国家机关、单位对直接负责的主管人员和其他直接责任人员依法给予处分或者处理。

● 行政法规及文件

《商用密码管理条例》（2023年4月27日）

第62条　网络运营者违反本条例第四十一条规定，未按照国家网络安全等级保护制度要求使用商用密码保护网络安全的，由密码管理部门责令改正，给予警告；拒不改正或者导致危害网络安全等后果的，处1万元以上10万元以下罚款，对直接负责的主管人员处5000元以上5万元以下罚款。

第三十四条　泄密的处理

违反本法规定，发生核心密码、普通密码泄密案件的，由保密行政管理部门、密码管理部门建议有关国家机关、单位对直接负责的主管人员和其他直接责任人员依法给予处分或者处理。

违反本法第十七条第二款规定，发现核心密码、普通密码泄密或者影响核心密码、普通密码安全的重大问题、风险隐患，未立即采取应对措施，或者未及时报告的，由保密行政管理部门、密码管理部门建议有关国家机关、单位对直接负责的主管人员和其他直接责任人员依法给予处分或者处理。

第三十五条　检测、认证机构违法的处罚

商用密码检测、认证机构违反本法第二十五条第二款、第三款规定开展商用密码检测认证的，由市场监督管理部门会同密码管理部门责令改正或者停止违法行为，给予警告，没收违法所得；违法所得三十万元以上的，可以并处违法所得一倍以上三倍以下罚款；没有违法所得或者违法所得不足三十万元的，可以并处十万元以上三十万元以下罚款；情节严重的，依法吊销相关资质。

● **行政法规及文件**

《商用密码管理条例》（2023 年 4 月 27 日）

第 50 条　违反本条例规定，未经认定向社会开展商用密码检测活动，或者未经认定从事电子政务电子认证服务的，由密码管理部门责令改正或者停止违法行为，给予警告，没收违法产品和违法所得；违法所得 30 万元以上的，可以并处违法所得 1 倍以上 3 倍以下罚款；没有违法所得或者违法所得不足 30 万元的，可以并处 10 万元以上 30 万元以下罚款。

违反本条例规定，未经批准从事商用密码认证活动的，由市场监督管理部门会同密码管理部门依照前款规定予以处罚。

第 51 条　商用密码检测机构开展商用密码检测，有下列情形之一的，由密码管理部门责令改正或者停止违法行为，给予警告，没收违法所得；违法所得 30 万元以上的，可以并处违法所得 1 倍以上 3 倍以下罚款；没有违法所得或者违法所得不足 30 万元的，可以并处 10 万元以上 30 万元以下罚款；情节严重的，依法吊销商用密码检测机构资质：

（一）超出批准范围；

（二）存在影响检测独立、公正、诚信的行为；

（三）出具的检测数据、结果虚假或者失实；

（四）拒不报送或者不如实报送实施情况；

（五）未履行保密义务；

（六）其他违反法律、行政法规和商用密码检测技术规范、规则开展商用密码检测的情形。

第52条 商用密码认证机构开展商用密码认证，有下列情形之一的，由市场监督管理部门会同密码管理部门责令改正或者停止违法行为，给予警告，没收违法所得；违法所得30万元以上的，可以并处违法所得1倍以上3倍以下罚款；没有违法所得或者违法所得不足30万元的，可以并处10万元以上30万元以下罚款；情节严重的，依法吊销商用密码认证机构资质：

（一）超出批准范围；

（二）存在影响认证独立、公正、诚信的行为；

（三）出具的认证结论虚假或者失实；

（四）未对其认证的商用密码产品、服务、管理体系实施有效的跟踪调查；

（五）未履行保密义务；

（六）其他违反法律、行政法规和商用密码认证技术规范、规则开展商用密码认证的情形。

第三十六条　销售、提供不合格商用密码产品的处罚

违反本法第二十六条规定，销售或者提供未经检测认证或者检测认证不合格的商用密码产品，或者提供未经认证或者认证不合格的商用密码服务的，由市场监督管理部门会同密码管理部门责令改正或者停止违法行为，给予警告，没收违法产品和违法所得；违法所得十万元以上的，可以并处违法所得一倍以上三倍以下罚款；没有违法所得或者违法所得不足十万元的，可以并处三万元以上十万元以下罚款。

● 行政法规及文件

《商用密码管理条例》（2023 年 4 月 27 日）

第 53 条 违反本条例第二十条、第二十一条规定，销售或者提供未经检测认证或者检测认证不合格的商用密码产品，或者提供未经认证或者认证不合格的商用密码服务的，由市场监督管理部门会同密码管理部门责令改正或者停止违法行为，给予警告，没收违法产品和违法所得；违法所得 10 万元以上的，可以并处违法所得 1 倍以上 3 倍以下罚款；没有违法所得或者违法所得不足 10 万元的，可以并处 3 万元以上 10 万元以下罚款。

第三十七条　关键信息基础设施运营者违法的处罚

关键信息基础设施的运营者违反本法第二十七条第一款规定，未按照要求使用商用密码，或者未按照要求开展商用密码应用安全性评估的，由密码管理部门责令改正，给予警告；拒不改正或者导致危害网络安全等后果的，处十万元以上一百万元以下罚款，对直接负责的主管人员处一万元以上十万元以下罚款。

关键信息基础设施的运营者违反本法第二十七条第二款规定，使用未经安全审查或者安全审查未通过的产品或者服务的，由有关主管部门责令停止使用，处采购金额一倍以上十倍以下罚款；对直接负责的主管人员和其他直接责任人员处一万元以上十万元以下罚款。

● 行政法规及文件

1. 《商用密码管理条例》（2023 年 4 月 27 日）

第 60 条 关键信息基础设施的运营者违反本条例第三十八条、第三十九条规定，未按照要求使用商用密码，或者未按照要求开展商用密码应用安全性评估的，由密码管理部门责令改正，给予警告；拒不改正或者有其他严重情节的，处10万元以上100万元以下罚款，对直接负责的主管人员处1万元以上10万元以下罚款。

第61条　关键信息基础设施的运营者违反本条例第四十条规定，使用未经安全审查或者安全审查未通过的涉及商用密码的网络产品或者服务的，由有关主管部门责令停止使用，处采购金额1倍以上10倍以下罚款；对直接负责的主管人员和其他直接责任人员处1万元以上10万元以下罚款。

2.《关键信息基础设施安全保护条例》（2021年7月30日）

第42条　运营者对保护工作部门开展的关键信息基础设施网络安全检查检测工作，以及公安、国家安全、保密行政管理、密码管理等有关部门依法开展的关键信息基础设施网络安全检查工作不予配合的，由有关主管部门责令改正；拒不改正的，处5万元以上50万元以下罚款，对直接负责的主管人员和其他直接责任人员处1万元以上10万元以下罚款；情节严重的，依法追究相应法律责任。

第三十八条　违反进口许可、出口管制规定的处罚

违反本法第二十八条实施进口许可、出口管制的规定，进出口商用密码的，由国务院商务主管部门或者海关依法予以处罚。

● 行政法规及文件

《商用密码管理条例》（2023年4月27日）

第58条　违反本条例规定进出口商用密码的，由国务院商务主管部门或者海关依法予以处罚。

第三十九条　违法从事电子政务电子认证服务的处罚

违反本法第二十九条规定，未经认定从事电子政务电子认证服务的，由密码管理部门责令改正或者停止违法行为，给予警告，没收违法产品和违法所得；违法所得三十万元以上的，可以并处违法所得一倍以上三倍以下罚款；没有违法所得或者违法所得不足三十万元的，可以并处十万元以上三十万元以下罚款。

● **行政法规及文件**

《商用密码管理条例》（2023年4月27日）

第54条　电子认证服务机构违反法律、行政法规和电子认证服务密码使用技术规范、规则使用密码的，由密码管理部门责令改正或者停止违法行为，给予警告，没收违法所得；违法所得30万元以上的，可以并处违法所得1倍以上3倍以下罚款；没有违法所得或者违法所得不足30万元的，可以并处10万元以上30万元以下罚款；情节严重的，依法吊销电子认证服务使用密码的证明文件。

第55条　电子政务电子认证服务机构开展电子政务电子认证服务，有下列情形之一的，由密码管理部门责令改正或者停止违法行为，给予警告，没收违法所得；违法所得30万元以上的，可以并处违法所得1倍以上3倍以下罚款；没有违法所得或者违法所得不足30万元的，可以并处10万元以上30万元以下罚款；情节严重的，责令停业整顿，直至吊销电子政务电子认证服务机构资质：

（一）超出批准范围；
（二）拒不报送或者不如实报送实施情况；
（三）未履行保密义务；
（四）其他违反法律、行政法规和电子政务电子认证服务技术规范、规则提供电子政务电子认证服务的情形。

第56条　电子签名人或者电子签名依赖方因依据电子政务电子认证服务机构提供的电子签名认证服务在政务活动中遭受损失，电子政务电子认证服务机构不能证明自己无过错的，承担赔偿责任。

第57条　政务活动中电子签名、电子印章、电子证照等涉及的电子认证服务，违反本条例第三十条规定，未由依法设立的电子政务电子认证服务机构提供的，由密码管理部门责令改正，给予警告；拒不改正或者有其他严重情节的，由密码管理部门建议有关国家机关、单位对直接负责的主管人员和其他直接责任人员依法给予处分或者处理。有关国家机关、单位应当将处分或者处理情况书面告知密码管理部门。

第四十条　工作人员未尽职的处分

密码管理部门和有关部门、单位的工作人员在密码工作中滥用职权、玩忽职守、徇私舞弊，或者泄露、非法向他人提供在履行职责中知悉的商业秘密和个人隐私的，依法给予处分。

● 行政法规及文件

《商用密码管理条例》（2023年4月27日）

第65条　密码管理部门和有关部门的工作人员在商用密码工作中滥用职权、玩忽职守、徇私舞弊，或者泄露、非法向他人提供在履行职责中知悉的商业秘密、个人隐私、举报人信息的，依法给予处分。

第四十一条　构成犯罪的法律责任

违反本法规定，构成犯罪的，依法追究刑事责任；给他人造成损害的，依法承担民事责任。

● 行政法规及文件

《商用密码管理条例》（2023 年 4 月 27 日）

第 66 条 违反本条例规定，构成犯罪的，依法追究刑事责任；给他人造成损害的，依法承担民事责任。

第五章 附 则

第四十二条 国家密码管理规章的制定

国家密码管理部门依照法律、行政法规的规定，制定密码管理规章。

第四十三条 中央军事委员会根据本法制定相关密码工作管理办法

中国人民解放军和中国人民武装警察部队的密码工作管理办法，由中央军事委员会根据本法制定。

第四十四条 施行日期

本法自 2020 年 1 月 1 日起施行。

附录一

中华人民共和国保守国家秘密法实施条例

（2014年1月17日中华人民共和国国务院令第646号公布 自2014年3月1日起施行）

第一章 总　　则

第一条　根据《中华人民共和国保守国家秘密法》（以下简称保密法）的规定，制定本条例。

第二条　国家保密行政管理部门主管全国的保密工作。县级以上地方各级保密行政管理部门在上级保密行政管理部门指导下，主管本行政区域的保密工作。

第三条　中央国家机关在其职权范围内管理或者指导本系统的保密工作，监督执行保密法律法规，可以根据实际情况制定或者会同有关部门制定主管业务方面的保密规定。

第四条　县级以上人民政府应当加强保密基础设施建设和关键保密科技产品的配备。

省级以上保密行政管理部门应当加强关键保密科技产品的研发工作。

保密行政管理部门履行职责所需的经费，应当列入本级人民政府财政预算。机关、单位开展保密工作所需经费应当列入本机关、本单位的年度财政预算或者年度收支计划。

第五条　机关、单位不得将依法应当公开的事项确定为国家秘密，不得将涉及国家秘密的信息公开。

第六条　机关、单位实行保密工作责任制。机关、单位负责人对本机关、本单位的保密工作负责，工作人员对本岗位的保密工作负责。

机关、单位应当根据保密工作需要设立保密工作机构或者指定人员专门负责保密工作。

机关、单位及其工作人员履行保密工作责任制情况应当纳入年度考评和考核内容。

第七条 各级保密行政管理部门应当组织开展经常性的保密宣传教育。机关、单位应当定期对本机关、本单位工作人员进行保密形势、保密法律法规、保密技术防范等方面的教育培训。

第二章 国家秘密的范围和密级

第八条 国家秘密及其密级的具体范围（以下称保密事项范围）应当明确规定国家秘密具体事项的名称、密级、保密期限、知悉范围。

保密事项范围应当根据情况变化及时调整。制定、修订保密事项范围应当充分论证，听取有关机关、单位和相关领域专家的意见。

第九条 机关、单位负责人为本机关、本单位的定密责任人，根据工作需要，可以指定其他人员为定密责任人。

专门负责定密的工作人员应当接受定密培训，熟悉定密职责和保密事项范围，掌握定密程序和方法。

第十条 定密责任人在职责范围内承担有关国家秘密确定、变更和解除工作。具体职责是：

（一）审核批准本机关、本单位产生的国家秘密的密级、保密期限和知悉范围；

（二）对本机关、本单位产生的尚在保密期限内的国家秘密进行审核，作出是否变更或者解除的决定；

（三）对是否属于国家秘密和属于何种密级不明确的事项先行拟定密级，并按照规定的程序报保密行政管理部门确定。

第十一条 中央国家机关、省级机关以及设区的市、自治州级机关可以根据保密工作需要或者有关机关、单位的申请，在国家保密行政管理部门规定的定密权限、授权范围内作出定密授权。

245

定密授权应当以书面形式作出。授权机关应当对被授权机关、单位履行定密授权的情况进行监督。

中央国家机关、省级机关作出的授权,报国家保密行政管理部门备案;设区的市、自治州级机关作出的授权,报省、自治区、直辖市保密行政管理部门备案。

第十二条 机关、单位应当在国家秘密产生的同时,由承办人依据有关保密事项范围拟定密级、保密期限和知悉范围,报定密责任人审核批准,并采取相应保密措施。

第十三条 机关、单位对所产生的国家秘密,应当按照保密事项范围的规定确定具体的保密期限;保密事项范围没有规定具体保密期限的,可以根据工作需要,在保密法规定的保密期限内确定;不能确定保密期限的,应当确定解密条件。

国家秘密的保密期限,自标明的制发日起计算;不能标明制发日的,确定该国家秘密的机关、单位应当书面通知知悉范围内的机关、单位和人员,保密期限自通知之日起计算。

第十四条 机关、单位应当按照保密法的规定,严格限定国家秘密的知悉范围,对知悉机密级以上国家秘密的人员,应当作出书面记录。

第十五条 国家秘密载体以及属于国家秘密的设备、产品的明显部位应当标注国家秘密标志。国家秘密标志应当标注密级和保密期限。国家秘密的密级和保密期限发生变更的,应当及时对原国家秘密标志作出变更。

无法标注国家秘密标志的,确定该国家秘密的机关、单位应当书面通知知悉范围内的机关、单位和人员。

第十六条 机关、单位对所产生的国家秘密,认为符合保密法有关解密或者延长保密期限规定的,应当及时解密或者延长保密期限。

机关、单位对不属于本机关、本单位产生的国家秘密,认为符合保密法有关解密或者延长保密期限规定的,可以向原定密机关、单位或者其上级机关、单位提出建议。

已经依法移交各级国家档案馆的属于国家秘密的档案，由原定密机关、单位按照国家有关规定进行解密审核。

第十七条 机关、单位被撤销或者合并的，该机关、单位所确定国家秘密的变更和解除，由承担其职能的机关、单位负责，也可以由其上级机关、单位或者保密行政管理部门指定的机关、单位负责。

第十八条 机关、单位发现本机关、本单位国家秘密的确定、变更和解除不当的，应当及时纠正；上级机关、单位发现下级机关、单位国家秘密的确定、变更和解除不当的，应当及时通知其纠正，也可以直接纠正。

第十九条 机关、单位对符合保密法的规定，但保密事项范围没有规定的不明确事项，应当先行拟定密级、保密期限和知悉范围，采取相应的保密措施，并自拟定之日起10日内报有关部门确定。拟定为绝密级的事项和中央国家机关拟定的机密级、秘密级的事项，报国家保密行政管理部门确定；其他机关、单位拟定的机密级、秘密级的事项，报省、自治区、直辖市保密行政管理部门确定。

保密行政管理部门接到报告后，应当在10日内作出决定。省、自治区、直辖市保密行政管理部门还应当将所作决定及时报国家保密行政管理部门备案。

第二十条 机关、单位对已定密事项是否属于国家秘密或者属于何种密级有不同意见的，可以向原定密机关、单位提出异议，由原定密机关、单位作出决定。

机关、单位对原定密机关、单位未予处理或者对作出的决定仍有异议的，按照下列规定办理：

（一）确定为绝密级的事项和中央国家机关确定的机密级、秘密级的事项，报国家保密行政管理部门确定。

（二）其他机关、单位确定的机密级、秘密级的事项，报省、自治区、直辖市保密行政管理部门确定；对省、自治区、直辖市保密行政管理部门作出的决定有异议的，可以报国家保密行政管理部门确定。

在原定密机关、单位或者保密行政管理部门作出决定前，对有关事项应当按照主张密级中的最高密级采取相应的保密措施。

第三章 保 密 制 度

第二十一条 国家秘密载体管理应当遵守下列规定：

（一）制作国家秘密载体，应当由机关、单位或者经保密行政管理部门保密审查合格的单位承担，制作场所应当符合保密要求。

（二）收发国家秘密载体，应当履行清点、编号、登记、签收手续。

（三）传递国家秘密载体，应当通过机要交通、机要通信或者其他符合保密要求的方式进行。

（四）复制国家秘密载体或者摘录、引用、汇编属于国家秘密的内容，应当按照规定报批，不得擅自改变原件的密级、保密期限和知悉范围，复制件应当加盖复制机关、单位戳记，并视同原件进行管理。

（五）保存国家秘密载体的场所、设施、设备，应当符合国家保密要求。

（六）维修国家秘密载体，应当由本机关、本单位专门技术人员负责。确需外单位人员维修的，应当由本机关、本单位的人员现场监督；确需在本机关、本单位以外维修的，应当符合国家保密规定。

（七）携带国家秘密载体外出，应当符合国家保密规定，并采取可靠的保密措施；携带国家秘密载体出境的，应当按照国家保密规定办理批准和携带手续。

第二十二条 销毁国家秘密载体应当符合国家保密规定和标准，确保销毁的国家秘密信息无法还原。

销毁国家秘密载体应当履行清点、登记、审批手续，并送交保密行政管理部门设立的销毁工作机构或者保密行政管理部门指定的单位销毁。机关、单位确因工作需要，自行销毁少量国家秘密载体的，应当使用符合国家保密标准的销毁设备和方法。

　　第二十三条　涉密信息系统按照涉密程度分为绝密级、机密级、秘密级。机关、单位应当根据涉密信息系统存储、处理信息的最高密级确定系统的密级，按照分级保护要求采取相应的安全保密防护措施。

　　第二十四条　涉密信息系统应当由国家保密行政管理部门设立或者授权的保密测评机构进行检测评估，并经设区的市、自治州级以上保密行政管理部门审查合格，方可投入使用。

　　公安、国家安全机关的涉密信息系统投入使用的管理办法，由国家保密行政管理部门会同国务院公安、国家安全部门另行规定。

　　第二十五条　机关、单位应当加强涉密信息系统的运行使用管理，指定专门机构或者人员负责运行维护、安全保密管理和安全审计，定期开展安全保密检查和风险评估。

　　涉密信息系统的密级、主要业务应用、使用范围和使用环境等发生变化或者涉密信息系统不再使用的，应当按照国家保密规定及时向保密行政管理部门报告，并采取相应措施。

　　第二十六条　机关、单位采购涉及国家秘密的工程、货物和服务的，应当根据国家保密规定确定密级，并符合国家保密规定和标准。机关、单位应当对提供工程、货物和服务的单位提出保密管理要求，并与其签订保密协议。

　　政府采购监督管理部门、保密行政管理部门应当依法加强对涉及国家秘密的工程、货物和服务采购的监督管理。

　　第二十七条　举办会议或者其他活动涉及国家秘密的，主办单位应当采取下列保密措施：

　　（一）根据会议、活动的内容确定密级，制定保密方案，限定参加人员范围；

　　（二）使用符合国家保密规定和标准的场所、设施、设备；

　　（三）按照国家保密规定管理国家秘密载体；

（四）对参加人员提出具体保密要求。

第二十八条 企业事业单位从事国家秘密载体制作、复制、维修、销毁，涉密信息系统集成或者武器装备科研生产等涉及国家秘密的业务（以下简称涉密业务），应当由保密行政管理部门或者保密行政管理部门会同有关部门进行保密审查。保密审查不合格的，不得从事涉密业务。

第二十九条 从事涉密业务的企业事业单位应当具备下列条件：

（一）在中华人民共和国境内依法成立3年以上的法人，无违法犯罪记录；

（二）从事涉密业务的人员具有中华人民共和国国籍；

（三）保密制度完善，有专门的机构或者人员负责保密工作；

（四）用于涉密业务的场所、设施、设备符合国家保密规定和标准；

（五）具有从事涉密业务的专业能力；

（六）法律、行政法规和国家保密行政管理部门规定的其他条件。

第三十条 涉密人员的分类管理、任（聘）用审查、脱密期管理、权益保障等具体办法，由国家保密行政管理部门会同国务院有关主管部门制定。

第四章 监督管理

第三十一条 机关、单位应当向同级保密行政管理部门报送本机关、本单位年度保密工作情况。下级保密行政管理部门应当向上级保密行政管理部门报送本行政区域年度保密工作情况。

第三十二条 保密行政管理部门依法对机关、单位执行保密法律法规的下列情况进行检查：

（一）保密工作责任制落实情况；

（二）保密制度建设情况；

（三）保密宣传教育培训情况；

（四）涉密人员管理情况；

（五）国家秘密确定、变更和解除情况；

（六）国家秘密载体管理情况；

（七）信息系统和信息设备保密管理情况；

（八）互联网使用保密管理情况；

（九）保密技术防护设施设备配备使用情况；

（十）涉密场所及保密要害部门、部位管理情况；

（十一）涉密会议、活动管理情况；

（十二）信息公开保密审查情况。

第三十三条 保密行政管理部门在保密检查过程中，发现有泄密隐患的，可以查阅有关材料、询问人员、记录情况；对有关设施、设备、文件资料等可以依法先行登记保存，必要时进行保密技术检测。有关机关、单位及其工作人员对保密检查应当予以配合。

保密行政管理部门实施检查后，应当出具检查意见，对需要整改的，应当明确整改内容和期限。

第三十四条 机关、单位发现国家秘密已经泄露或者可能泄露的，应当立即采取补救措施，并在24小时内向同级保密行政管理部门和上级主管部门报告。

地方各级保密行政管理部门接到泄密报告的，应当在24小时内逐级报至国家保密行政管理部门。

第三十五条 保密行政管理部门对公民举报、机关和单位报告、保密检查发现、有关部门移送的涉嫌泄露国家秘密的线索和案件，应当依法及时调查或者组织、督促有关机关、单位调查处理。调查工作结束后，认为有违反保密法律法规的事实，需要追究责任的，保密行政管理部门可以向有关机关、单位提出处理建议。有关机关、单位应当及时将处理结果书面告知同级保密行政管理部门。

第三十六条 保密行政管理部门收缴非法获取、持有的国家秘密载体，应当进行登记并出具清单，查清密级、数量、来源、扩散范围等，并采取相应的保密措施。

保密行政管理部门可以提请公安、工商行政管理等有关部门协助收缴非法获取、持有的国家秘密载体，有关部门应当予以配合。

第三十七条　国家保密行政管理部门或者省、自治区、直辖市保密行政管理部门应当依据保密法律法规和保密事项范围，对办理涉嫌泄露国家秘密案件的机关提出鉴定的事项是否属于国家秘密、属于何种密级作出鉴定。

保密行政管理部门受理鉴定申请后，应当自受理之日起30日内出具鉴定结论；不能按期出具鉴定结论的，经保密行政管理部门负责人批准，可以延长30日。

第三十八条　保密行政管理部门及其工作人员应当按照法定的职权和程序开展保密审查、保密检查和泄露国家秘密案件查处工作，做到科学、公正、严格、高效，不得利用职权谋取利益。

第五章　法律责任

第三十九条　机关、单位发生泄露国家秘密案件不按照规定报告或者未采取补救措施的，对直接负责的主管人员和其他直接责任人员依法给予处分。

第四十条　在保密检查或者泄露国家秘密案件查处中，有关机关、单位及其工作人员拒不配合，弄虚作假，隐匿、销毁证据，或者以其他方式逃避、妨碍保密检查或者泄露国家秘密案件查处的，对直接负责的主管人员和其他直接责任人员依法给予处分。

企业事业单位及其工作人员协助机关、单位逃避、妨碍保密检查或者泄露国家秘密案件查处的，由有关主管部门依法予以处罚。

第四十一条　经保密审查合格的企业事业单位违反保密管理规定的，由保密行政管理部门责令限期整改，逾期不改或者整改后仍不符合要求的，暂停涉密业务；情节严重的，停止涉密业务。

第四十二条　涉密信息系统未按照规定进行检测评估和审查而投入使用的，由保密行政管理部门责令改正，并建议有关机关、单位对直接负责的主管人员和其他直接责任人员依法给予处分。

第四十三条 机关、单位委托未经保密审查的单位从事涉密业务的,由有关机关、单位对直接负责的主管人员和其他直接责任人员依法给予处分。

未经保密审查的单位从事涉密业务的,由保密行政管理部门责令停止违法行为;有违法所得的,由工商行政管理部门没收违法所得。

第四十四条 保密行政管理部门未依法履行职责,或者滥用职权、玩忽职守、徇私舞弊的,对直接负责的主管人员和其他直接责任人员依法给予处分;构成犯罪的,依法追究刑事责任。

第六章 附 则

第四十五条 本条例自2014年3月1日起施行。1990年4月25日国务院批准、1990年5月25日国家保密局发布的《中华人民共和国保守国家秘密法实施办法》同时废止。

中华人民共和国档案法实施条例

(2023年12月29日国务院第22次常务会议通过 2024年1月12日中华人民共和国国务院令第772号公布 自2024年3月1日起施行)

第一章 总 则

第一条 根据《中华人民共和国档案法》(以下简称《档案法》)的规定,制定本条例。

第二条 《档案法》所称档案,其具体范围由国家档案主管部门或者国家档案主管部门会同国家有关部门确定。

反映地方文化习俗、民族风貌、历史人物、特色品牌等的档案,其具体范围可以由省、自治区、直辖市档案主管部门会同同级有关部门确定。

第三条 档案工作应当坚持和加强党的领导，全面贯彻党的路线方针政策和决策部署，健全党领导档案工作的体制机制，把党的领导贯彻到档案工作各方面和各环节。

第四条 县级以上人民政府应当加强档案工作，建立健全档案机构，提供档案长久安全保管场所和设施，并将档案事业发展经费列入本级预算。

机关、团体、企业事业单位和其他组织应当加强本单位档案工作，履行档案工作主体责任，保障档案工作依法开展。

第五条 国家档案馆馆藏的永久保管档案分一、二、三级管理，分级的具体标准和管理办法由国家档案主管部门制定。

第六条 中央国家机关经国家档案主管部门同意，省、自治区、直辖市有关国家机关经本级档案主管部门同意，可以制定本系统专业档案的具体管理制度和办法。

第七条 县级以上人民政府及其有关部门，应当加强档案宣传教育工作，普及档案知识，传播档案文化，增强全社会档案意识。

第八条 国家加强档案相关专业人才培养，支持高等院校、职业学校设立档案学等相关专业。

第九条 国家鼓励和支持企业事业单位、社会组织和个人等社会力量通过依法兴办实体、资助项目、从事志愿服务以及开展科学研究、技术创新和科技成果推广等形式，参与和支持档案事业的发展。

档案行业组织依照法律、法规、规章及其章程的规定，加强行业自律，推动诚信建设，提供行业服务，开展学术交流和档案相关科普教育，参与政策咨询和标准制定等活动。

档案主管部门应当在职责范围内予以指导。

第十条 有下列情形之一的，由县级以上人民政府、档案主管部门或者本单位按照国家有关规定给予表彰、奖励：

（一）对档案收集、整理、保护、利用做出显著成绩的；

（二）对档案科学研究、技术创新、宣传教育、交流合作做出显著成绩的；

（三）在重大活动、突发事件应对活动相关档案工作中表现突出的；

（四）将重要或者珍贵档案捐献给国家的；

（五）同违反档案法律、法规的行为作斗争，表现突出的；

（六）长期从事档案工作，表现突出的。

第二章 档案机构及其职责

第十一条 国家档案主管部门依照《档案法》第八条第一款的规定，履行下列职责：

（一）根据有关法律、行政法规和国家有关方针政策，研究、制定部门规章、档案工作具体方针政策和标准；

（二）组织协调全国档案事业的发展，制定国家档案事业发展综合规划和专项计划，并组织实施；

（三）对有关法律、行政法规、部门规章和国家有关方针政策的实施情况进行监督检查，依法查处档案违法行为；

（四）对中央国家机关各部门、中央管理的群团组织、中央企业以及中央和国务院直属事业单位的档案工作，中央级国家档案馆的工作，以及省、自治区、直辖市档案主管部门的工作，实施监督、指导；

（五）组织、指导档案理论与科学技术研究、档案信息化建设、档案宣传教育、档案工作人员培训；

（六）组织、开展档案领域的国际交流与合作。

第十二条 县级以上地方档案主管部门依照《档案法》第八条第二款的规定，履行下列职责：

（一）贯彻执行有关法律、法规、规章和国家有关方针政策；

（二）制定本行政区域档案事业发展规划和档案工作制度规范，并组织实施；

（三）监督、指导本行政区域档案工作，对有关法律、法规、规章和国家有关方针政策的实施情况进行监督检查，依法查处档案违法行为；

（四）组织、指导本行政区域档案理论与科学技术研究、档案信息化建设、档案宣传教育、档案工作人员培训。

第十三条 乡镇人民政府依照《档案法》第八条第三款的规定，履行下列职责：

（一）贯彻执行有关法律、法规、规章和国家有关方针政策，建立健全档案工作制度规范；

（二）指定人员管理本机关档案，并按照规定向有关档案馆移交档案；

（三）监督、指导所属单位以及基层群众性自治组织等的档案工作。

第十四条 机关、团体、企业事业单位和其他组织应当确定档案机构或者档案工作人员，依照《档案法》第九条第一款的规定，履行下列职责：

（一）贯彻执行有关法律、法规、规章和国家有关方针政策，建立健全本单位档案工作制度规范；

（二）指导本单位相关材料的形成、积累、整理和归档，统一管理本单位的档案，并按照规定向有关档案馆移交档案；

（三）监督、指导所属单位的档案工作。

第十五条 各级各类档案馆的设置和管理应当符合国家有关规定。

第十六条 国家档案馆应当配备与其职责和规模相适应的专业人员，依照《档案法》第十条的规定，履行下列职责：

（一）收集本馆分管范围内的档案；

（二）按照规定整理、保管档案；

（三）依法向社会开放档案，并采取各种形式研究、开发档案资源，为各方面利用档案资源提供服务；

（四）开展宣传教育，发挥爱国主义教育和历史文化教育功能。

按照国家有关规定设置的其他各类档案馆，参照前款规定依法履行相应职责。

第十七条 档案主管部门、档案馆和机关、团体、企业事业单位以及其他组织应当为档案工作人员的教育培训、职称评审、岗位聘用等创造条件，不断提高档案工作人员的专业知识水平和业务能力。

第三章 档案的管理

第十八条 按照国家规定应当形成档案的机关、团体、企业事业单位和其他组织，应当建立档案工作责任制，确定档案工作组织结构、职责分工，落实档案工作领导责任、管理责任、执行责任，健全单位主要负责人承担档案完整与安全第一责任人职责相关制度，明确档案管理、档案基础设施建设、档案信息化等工作要求。

第十九条 依照《档案法》第十三条以及国家有关规定应当归档的材料，由机关、团体、企业事业单位和其他组织的各内设机构收集齐全，规范整理，定期交本单位档案机构或者档案工作人员集中管理，任何内设机构和个人不得拒绝归档或者据为己有。

机关、群团组织、国有企业事业单位应当明确本单位的归档范围和档案保管期限，经同级档案主管部门审核同意后施行。单位内设机构或者工作职能发生重大变化时，应当及时调整归档范围和档案保管期限，经重新审核同意后施行。

机关、群团组织、国有企业事业单位负责所属单位的归档范围和档案保管期限的审核。

第二十条 机关、团体、企业事业单位和其他组织，应当按照国家档案主管部门关于档案移交的规定，定期向有关的国家档案馆移交档案。

属于中央级和省级、设区的市级国家档案馆接收范围的档案，移交单位应当自档案形成之日起满二十年即向有关的国家档案馆移交。属于县级国家档案馆接收范围的档案,移交单位应当自档案形成之日起满十年即向有关的县级国家档案馆移交。

经同级档案主管部门检查和同意,专业性较强或者需要保密的档案,可以延长向有关的国家档案馆移交的期限。已撤销单位的档案可以提前向有关的国家档案馆移交。

由于单位保管条件不符合要求或者存在其他原因可能导致不安全或者严重损毁的档案,经协商可以提前交有关档案馆保管。

第二十一条 档案馆可以按照国家有关规定,通过接受捐献、购买、代存、交换等方式收集档案。

档案馆通过前款规定方式收集档案时,应当考虑档案的珍稀程度、内容的重要性等,并以书面协议形式约定相关方的权利和义务,明确相关档案利用条件。

国家鼓励单位和个人将属于其所有的对国家和社会具有重要保存价值的档案捐献给国家档案馆。国家档案馆应当维护捐献者的合法权益。

第二十二条 档案馆应当对所保管的档案采取下列管理措施:

(一)建立健全科学的管理制度和查阅利用规范,制定有针对性的安全风险管控措施和应急预案;

(二)配置适宜安全保存档案、符合国家有关规定的专门库房,配备防火、防盗、防水、防光、防尘、防有害气体、防有害生物以及温湿度调控等必要的设施设备;

(三)根据档案的不同等级,采取有效措施,加以保护和管理;

(四)根据需要和可能,配备适应档案现代化管理需要的设施设备;

(五)编制档案目录等便于档案查找和利用的检索工具。

机关、团体、企业事业单位和其他组织的档案保管,参照前款规定办理。

第二十三条 县级以上人民政府应当采取措施,保障国家档案馆依法接收档案所需的库房及设施设备。

任何单位和个人不得侵占、挪用国家档案馆的馆舍，不得擅自改变国家档案馆馆舍的功能和用途。

国家档案馆馆舍的建设，应当符合实用、安全、科学、美观、环保、节约的要求和国家有关工程建设标准，并配置无障碍设施设备。

第二十四条 机关、团体、企业事业单位和其他组织应当定期对本单位保管的保管期限届满的档案进行鉴定，形成鉴定工作报告。

经鉴定仍需继续保存的档案，应当重新划定保管期限并作出标注。经鉴定需要销毁的档案，其销毁工作应当遵守国家有关规定。

第二十五条 县级以上档案主管部门可以依托国家档案馆，对下列属于国家所有的档案中具有永久保存价值的档案分类别汇集有关目录数据：

（一）机关、群团组织、国有企业事业单位形成的档案；

（二）第一项所列单位之外的其他单位，经法律法规授权或者受国家机关依法委托管理公共事务形成的档案；

（三）第一项所列单位之外的其他单位或者个人，由国家资金支持，从事或者参与建设工程、科学研究、技术创新等活动形成的且按照协议约定属于国家所有的档案；

（四）国家档案馆保管的前三项以外的其他档案。

涉及国防、外交、国家安全、公共安全等的档案的目录数据，其汇集范围由有关档案主管部门会同档案形成单位研究确定。

第二十六条 档案馆和机关、团体、企业事业单位以及其他组织为了收集、交换散失在国外的档案、进行国际文化交流，以及适应经济建设、科学研究和科技成果推广等的需要，经国家档案主管部门或者省、自治区、直辖市档案主管部门依据职权审查批准，可以向国内外的单位或者个人赠送、交换、出售属于国家所有的档案的复制件。

第二十七条 一级档案严禁出境。二级档案需要出境的，应当经国家档案主管部门审查批准。

除前款规定之外，属于《档案法》第二十五条规定的档案或者复制件确需出境的，有关档案馆、机关、团体、企业事业单位和其他组织以及个人应当按照管理权限，报国家档案主管部门或者省、自治区、直辖市档案主管部门审查批准，海关凭批准文件查验放行。

档案或者复制件出境涉及数据出境的，还应当符合国家关于数据出境的规定。

相关单位和个人应当在档案或者复制件出境时主动向海关申报核验，并按照出境申请审查批准意见，妥善保管、处置出境的档案或者复制件。

第二十八条 档案馆和机关、团体、企业事业单位以及其他组织依照《档案法》第二十四条的规定委托档案服务时，应当确定受委托的档案服务企业符合下列条件：

（一）具有企业法人资格和相应的经营范围；

（二）具有与从事档案整理、寄存、开发利用、数字化等相关服务相适应的场所、设施设备、专业人员和专业能力；

（三）具有保证档案安全的管理体系和保障措施。

委托方应当对受托方的服务进行全程指导和监督，确保档案安全和服务质量。

第四章　档案的利用和公布

第二十九条 国家档案馆应当依照《档案法》的有关规定，分期分批向社会开放档案，并同时公布开放档案的目录。

第三十条 国家档案馆应当建立馆藏档案开放审核协同机制，会同档案形成单位或者移交单位进行档案开放审核。档案形成单位或者移交单位撤销、合并、职权变更的，由有关的国家档案馆会同继续行使其职权的单位共同负责；无继续行使其职权的单位的，由有关的国家档案馆负责。

尚未移交进馆档案的开放审核，由档案形成单位或者保管单位负责，并在移交进馆时附具到期开放意见、政府信息公开情况、密级变更情况等。

县级以上档案主管部门应当加强对档案开放审核工作的统筹协调。

第三十一条 对于《档案法》第二十七条规定的到期不宜开放的档案，经国家档案馆报同级档案主管部门同意，可以延期向社会开放。

第三十二条 档案馆提供社会利用的档案，应当逐步实现以复制件代替原件。数字、缩微以及其他复制形式的档案复制件，载有档案保管单位签章标识的，具有与档案原件同等的效力。

第三十三条 档案馆可以通过阅览、复制和摘录等形式，依法提供利用档案。

国家档案馆应当明确档案利用的条件、范围、程序等，在档案利用接待场所和官方网站公布相关信息，创新档案利用服务形式，推进档案查询利用服务线上线下融合。

第三十四条 机关、团体、企业事业单位和其他组织以及公民利用国家档案馆保管的未开放的档案，应当经保管该档案的国家档案馆同意，必要时，国家档案馆应当征得档案形成单位或者移交单位同意。

机关、团体、企业事业单位和其他组织的档案机构保管的尚未向国家档案馆移交的档案，其他机关、团体、企业事业单位以及公民需要利用的，应当经档案形成单位或者保管单位同意。

第三十五条 《档案法》第三十二条所称档案的公布，是指通过下列形式首次向社会公开档案的全部或者部分原文：

（一）通过报纸、期刊、图书、音像制品、电子出版物等公开出版；

（二）通过电台、电视台、计算机信息网络等公开传播；

（三）在公开场合宣读、播放；

（四）公开出售、散发或者张贴档案复制件；

（五）在展览、展示中公开陈列。

第三十六条 公布属于国家所有的档案，按照下列规定办理：

（一）保存在档案馆的，由档案馆公布；必要时，应当征得档案形成单位或者移交单位同意后公布，或者报经档案形成单位或者移交单位的上级主管部门同意后公布；

（二）保存在各单位档案机构的，由各单位公布；必要时，应当报经其上级主管部门同意后公布；

（三）利用属于国家所有的档案的单位和个人，未经档案馆或者有关单位同意，均无权公布档案。

档案馆对寄存档案的公布，应当按照约定办理；没有约定的，应当征得档案所有者的同意。

第三十七条 国家档案馆应当根据工作需要和社会需求，开展馆藏档案的开发利用和公布，促进档案文献出版物、档案文化创意产品等的提供和传播。

国家鼓励和支持其他各类档案馆向社会开放和公布馆藏档案，促进档案资源的社会共享。

第五章 档案信息化建设

第三十八条 机关、团体、企业事业单位和其他组织应当加强档案信息化建设，积极推进电子档案管理信息系统建设。

机关、群团组织、国有企业事业单位应当将档案信息化建设纳入本单位信息化建设规划，加强办公自动化系统、业务系统归档功能建设，并与电子档案管理信息系统相互衔接，实现对电子档案的全过程管理。

电子档案管理信息系统应当按照国家有关规定建设，并符合国家关于网络安全、数据安全以及保密等的规定。

第三十九条 机关、团体、企业事业单位和其他组织应当采取管理措施和技术手段保证电子档案来源可靠、程序规范、要素合规，符合以下条件：

（一）形成者、形成活动、形成时间可确认，形成、办理、整理、归档、保管、移交等系统安全可靠；

（二）全过程管理符合有关规定，并准确记录、可追溯；

（三）内容、结构、背景信息和管理过程信息等构成要素符合规范要求。

第四十条 机关、团体、企业事业单位和其他组织应当按照国家档案主管部门有关规定，定期向有关档案馆移交电子档案。电子档案移交接收网络以及系统环境应当符合国家关于网络安全、数据安全以及保密等的规定。不具备在线移交条件的，应当通过符合安全管理要求的存储介质向档案馆移交电子档案。

档案馆应当在接收电子档案时进行真实性、完整性、可用性和安全性等方面的检测，并采取管理措施和技术手段保证电子档案在长期保存过程中的真实性、完整性、可用性和安全性。

国家档案馆可以为未到本条例第二十条第二款所规定的移交进馆期限的电子档案提供保管服务，涉及政府信息公开事项的，依照《档案法》第十五条第二款的规定办理。

第四十一条 档案馆对重要电子档案进行异地备份保管，应当采用磁介质、光介质、缩微胶片等符合安全管理要求的存储介质，定期检测载体的完好程度和数据的可读性。异地备份选址应当满足安全保密等要求。

档案馆可以根据需要建设灾难备份系统，实现重要电子档案及其管理系统的备份与灾难恢复。

第四十二条 档案馆和机关、团体、企业事业单位以及其他组织开展传统载体档案数字化工作，应当符合国家档案主管部门有关规定，保证档案数字化成果的质量和安全。

国家鼓励有条件的单位开展文字、语音、图像识别工作，加强档案资源深度挖掘和开发利用。

第四十三条 档案馆应当积极创造条件，按照国家有关规定建设、运行维护数字档案馆，为不同网络环境中的档案数字资源的收集、长期安全保存和有效利用提供保障。

国家鼓励有条件的机关、团体、企业事业单位和其他组织开展数字档案室建设，提升本单位的档案信息化水平。

第四十四条 国家档案主管部门应当制定数据共享标准，提升档案信息共享服务水平，促进全国档案数字资源跨区域、跨层级、跨部门共享利用工作。

县级以上地方档案主管部门应当推进本行政区域档案数字资源共享利用工作。

第六章 监督检查

第四十五条 国家档案馆和机关、群团组织、国有企业事业单位应当定期向同级档案主管部门报送本单位档案工作情况。

第四十六条 档案主管部门对处理投诉、举报和监督检查中发现的或者有关部门移送的涉嫌档案违法的线索和案件，应当及时依法组织调查。

经调查，发现有档案违法行为的，档案主管部门应当依法予以处理。需要追究有关责任人责任的，档案主管部门可以依法向其所在单位或者任免机关、单位提出处理建议。有关机关、单位应当及时将处理结果书面告知提出处理建议的档案主管部门。

第四十七条 县级以上档案主管部门应当加强档案行政执法队伍建设和对档案行政执法人员的教育培训。从事档案行政执法工作的人员，应当通过考试，取得行政执法证件。

第七章 法律责任

第四十八条 国家档案馆违反国家规定擅自扩大或者缩小档案接收范围的，或者不按照国家规定开放、提供利用档案的，由县级以上档案主管部门责令限期改正；情节严重的，由有关机关对负有责任的领导人员和直接责任人员依法给予处分。

第四十九条 单位或者个人将应当归档的材料据为己有，拒绝交档案机构、档案工作人员归档的，或者不按照国家规定向国家档案馆移交档案的，由县级以上档案主管部门责令限期改正；拒不改正的，由有关机关对负有责任的领导人员和直接责任人员依法给予处分。

第五十条 单位或者个人侵占、挪用国家档案馆的馆舍的，由县级以上档案主管部门责令限期改正；情节严重的，由有关机关对负有责任的领导人员和直接责任人员依法给予处分；构成犯罪的，依法追究刑事责任；造成财产损失或者其他损害的，依法承担民事责任。

第五十一条 档案服务企业在提供服务过程中明知存在档案安全隐患而不采取措施的，档案主管部门可以采取约谈、责令限期改正等措施。

档案服务企业因违反《档案法》和本条例规定受到行政处罚的，行政处罚信息依照有关法律、行政法规的规定予以公示。

第八章　附　　则

第五十二条 本条例自2024年3月1日起施行。《中华人民共和国档案法实施办法》同时废止。

附录二

本书所涉文件目录

宪法

2018 年 3 月 11 日　　中华人民共和国宪法

法律

2024 年 2 月 27 日　　保守国家秘密法
2023 年 12 月 29 日　　刑法
2023 年 4 月 26 日　　反间谍法
2020 年 6 月 20 日　　档案法
2020 年 6 月 20 日　　公职人员政务处分法
2019 年 10 月 26 日　　密码法
2019 年 4 月 23 日　　电子签名法
2018 年 12 月 29 日　　公务员法
2018 年 10 月 26 日　　刑事诉讼法
2018 年 4 月 27 日　　反恐怖主义法
2018 年 4 月 27 日　　国家情报法
2018 年 3 月 20 日　　监察法
2017 年 4 月 27 日　　测绘法
2016 年 11 月 7 日　　网络安全法

行政法规及文件

2024 年 1 月 17 日　　保守国家秘密法实施条例
2024 年 1 月 12 日　　档案法实施条例
2023 年 4 月 27 日　　商用密码管理条例
2021 年 7 月 30 日　　关键信息基础设施安全保护条例
2019 年 4 月 3 日　　政府信息公开条例

2018 年 8 月 11 日	全国经济普查条例
2017 年 11 月 22 日	反间谍法实施细则

部门规章及文件

2023 年 9 月 26 日	商用密码检测机构管理办法
2023 年 9 月 26 日	商用密码应用安全性评估管理办法
2023 年 2 月 27 日	派生国家秘密定密管理暂行办法
2023 年 2 月 15 日	档案行政处罚程序规定
2022 年 7 月 1 日	国家档案馆档案开放办法
2021 年 8 月 30 日	国有企业资产与产权变动档案处置办法
2021 年 7 月 30 日	国家秘密鉴定工作规定
2020 年 12 月 22 日	国家秘密载体印制资质管理办法
2020 年 12 月 12 日	重大活动和突发事件档案管理办法
2020 年 12 月 10 日	涉密信息系统集成资质管理办法
2020 年 3 月 26 日	市场监管总局、国家密码管理局关于开展商用密码检测认证工作的实施意见
2019 年 12 月 30 日	国家密码管理局、市场监管总局关于调整商用密码产品管理方式的公告
2018 年 12 月 14 日	电子公文归档管理暂行办法
2018 年 10 月 15 日	国家密码管理局关于进一步加强商用密码产品管理工作的通知
2018 年 6 月 19 日	国家档案局办公室印发《关于进一步加强和改进档案统计工作的意见》的通知
2017 年 12 月 29 日	泄密案件查处办法
2017 年 12 月 15 日	国家档案局办公室关于印发《档案行业网络与信息安全信息通报工作规范》的通知
2017 年 12 月 1 日	电子认证服务密码管理办法
2017 年 12 月 1 日	商用密码科研管理规定
2017 年 3 月 9 日	保密事项范围制定、修订和使用办法

2016年4月26日	国家档案局印发《关于进一步加强档案安全工作的意见》的通知
2014年3月9日	国家秘密定密管理暂行规定
2013年2月22日	档案管理违法违纪行为处分规定

司法解释及文件

2020年3月12日	关于印发《人民检察院、保密行政管理部门办理案件若干问题的规定》的通知
2020年3月11日	关于印发《人民法院、保密行政管理部门办理侵犯国家秘密案件若干问题的规定》的通知
2001年8月22日	最高人民法院、国家保密局关于执行《关于审理为境外窃取、刺探、收买、非法提供国家秘密、情报案件具体应用法律若干问题的解释》有关问题的通知
2001年1月17日	最高人民法院关于审理为境外窃取、刺探、收买、非法提供国家秘密、情报案件具体应用法律若干问题的解释

图书在版编目（CIP）数据

保守国家秘密法、档案法、密码法一本通／法规应用研究中心编．—北京：中国法制出版社，2024.5
（法律一本通；49）
ISBN 978-7-5216-4405-0

Ⅰ．①保… Ⅱ．①法… Ⅲ．①保密法-基本知识-中国②档案法-基本知识-中国③密码-法规-基本知识-中国 Ⅳ．①D922.14②D922.16③D922.17

中国国家版本馆CIP数据核字（2024）第055164号

责任编辑：谢 雯　　　　　　　　　　　封面设计：杨泽江

保守国家秘密法、档案法、密码法一本通
BAOSHOU GUOJIA MIMIFA、DANG'ANFA、MIMAFA YIBENTONG

编者/法规应用研究中心
经销/新华书店
印刷/三河市国英印务有限公司
开本/880毫米×1230毫米　32开　　　印张/9　字数/225千
版次/2024年5月第1版　　　　　　　　2024年5月第1次印刷

中国法制出版社出版
书号 ISBN 978-7-5216-4405-0　　　　　　　定价：38.00元

北京市西城区西便门西里甲16号西便门办公区
邮政编码：100053　　　　　　　　　　传真：010-63141600
网址：http://www.zgfzs.com　　　　编辑部电话：010-63141797
市场营销部电话：010-63141612　　　印务部电话：010-63141606

（如有印装质量问题，请与本社印务部联系。）